L'entreprise au défi du climat

Ce livre est publié avec le soutien de la fondation
Un monde par tous et celui de l'Institut CDC
pour la Recherche de la Caisse des Dépôts.

www.editionsatelier.com
www.twitter.com/editionsatelier
www.facebook.com/editionsatelier

Imprimé en France *Printed in France*

ISBN 978-2-7082-4333-0

Frédéric Baule, Xavier Becquey, Cécile Renouard

L'entreprise au défi du climat

LES EDITIONS DE L'ATELIER
Les Editions Ouvrières
51-55 rue Hoche
94200 Ivry-sur-Seine

Remerciements

Ce livre n'aurait pas vu le jour sans le compagnonnage au cours de ces quatre dernières années, ni plus particulièrement les nombreuses réunions, apports et débats autour de son contenu avec Amandine Barthélémy, Nicolas Beaumont, Yves Caplain, Max de Chantérac, Emmanuel Delcourt, Damien Desjonquères, Patrick Frotiée, Guillaume Gorge, Valéry Piaton, Christophe Poline et Philippe Segrétain, membres avec les auteurs de l'association « L'Entreprise, une bonne nouvelle » (EBN). Qu'ils soient remerciés pour leur temps et leur générosité.

Introduction

L'enjeu climatique n'est pas un enjeu parmi d'autres. Il implique une profonde remise en cause de notre culture et de notre économie. Une remise en cause d'habitudes bien ancrées, mais aussi de logiques et d'intérêts puissants.

Cette prise de conscience collective est tardive ; elle a été précédée d'alertes lancées en vain par des scientifiques, des acteurs politiques et des citoyens depuis deux siècles. Mais elle n'a commencé à être vraiment relayée que lors du sommet de Rio, au début des années 1990. Vingt-cinq ans, c'est certes récent au regard des évolutions de nos sociétés, mais c'est tout de même le temps d'une génération. Et nous sommes encore trop souvent désarmés devant le risque de catastrophe annoncé. Nous savons que nous allons « dans le mur ». Mais nous ne parvenons pas vraiment à nous convaincre des actions à mener pour corriger notre trajectoire. Ni même pour nous préparer aux conséquences attendues.

Français, nous avons, plus que d'autres, la réputation d'être résolument pessimistes face aux obstacles rencontrés et aux changements, indispensables, à entreprendre dans toutes sortes de domaines. Pris entre la perception de la gravité de la situation et l'urgence du changement à opérer, nous pouvons être envahis par un sentiment d'impuissance devant les contraintes et les inerties du système dans lequel inscrire notre action. Il nous arrive alors, collectivement, de nous mettre à douter de l'utilité, à ce jour, de gestes individuels et d'initiatives locales.

Écrit à trois, cet ouvrage a pour origine les échanges d'un groupe d'une douzaine d'hommes et de femmes que leurs métiers placent chaque jour au cœur des problématiques de l'entreprise. Depuis près de quatre ans ces personnes se réunissent au sein d'une association, « L'Entreprise, une bonne nouvelle » (EBN) [1], dont les auteurs font partie. Elles partagent la conviction, ancrée au plus profond d'elles-mêmes, que l'entreprise n'est pas juste une question de résultat financier, de cash et de cours de bourse, mais bien une manière d'agir dans le monde – et de le transformer – aux côtés de nombreuses autres formes d'action, de la puissance publique aux ONG.

Certes nous, membres de l'EBN, sommes conscients et inquiets, à l'instar de beaucoup de nos concitoyens, de l'ampleur des défis qui nous attendent, liés aussi bien au changement climatique en cours qu'au désastre où peut nous mener l'absence de perspectives pour des pans entiers de populations, y compris de nos propres sociétés « avancées ». Mais nous estimons que ne pouvons pas être dans la lamentation, parce que nous savons aussi que nous disposons de leviers, y compris là où nous sommes, dans l'entreprise. Et qu'il nous appartient de nous en saisir. Nous savons que nous pouvons agir, nous mettre en mouvement ; et participer à la création d'un nouvel horizon commun.

Un dirigeant d'une grande entreprise rappelait récemment – en faisant mémoire du mouvement des droits civiques il y a tout juste cinquante ans aux États-Unis – que les grands changements ne proviennent pas du basculement spontané des majorités, mais de l'action décisive et convaincue de quelques leaders et minorités actives [2].

Dans bien des entreprises, le « *green washing* » – la communication « verte » sur des situations qui ne le sont pas vraiment – l'emporte encore en permettant de faire bonne figure face aux pouvoirs publics et à des opinions de plus en plus sensibles aux questions environnementales. Cela ne doit pas masquer qu'une multitude d'actions concrètes, de transformations très réelles sont lancées, portées par d'autres entreprises, qu'elles y soient ou non incitées par des changements de régulation publique. Des acteurs se mobilisent de façon décisive [3]. Il nous semble utile d'en rendre compte et de faire connaître les défis qu'ils relèvent.

---

1. Voir la charte de l'association « L'Entreprise, une bonne nouvelle » en annexe du présent ouvrage.

2. Paul Polman, PDG d'Unilever, dans une intervention en mars 2015 à l'ESCP Europe sur le *leadership* nécessaire face aux défis du XXIe siècle.

3. Voir Alain Grandjean et Hélène Le Teno, *Miser (vraiment) sur la transition écologique*, Ivry-sur-Seine, Les Éditions de l'Atelier, 2014.

Cependant, force est de constater que le compte n'y est pas ; que la transformation qui s'amorce n'est pas, à ce stade, suffisamment décisive au regard des défis que nous avons à relever ensemble.

Le premier de ces défis communs est celui de l'accélération du changement climatique. L'affronter exige de l'ensemble de la population de notre planète – de chacun de nous, donc – une réduction collective, majeure et rapide, de ses émissions de gaz à effet de serre.

Mais cela ne peut être envisagé sans relever simultanément un deuxième défi : changer nos façons de consommer et de produire, pour donner la priorité à cette première nécessité. Car poursuivre nos prélèvements actuels sur notre environnement conduit à l'épuisement de ressources en matières premières, à la pollution irréversible de milieux naturels, et à la destruction de la biodiversité.

Repenser nos modes de consommation, de propriété et d'usage ne peut non plus se faire en ignorant le troisième défi que nous avons à relever ensemble : la justice des mesures à prendre.

Comment prôner la sobriété quand, dans les pays « émergents », deux à trois milliards d'êtres humains aspirent encore de façon urgente à une vie matérielle plus digne ? Et quand, dans nos pays dits « développés », chômage de masse et progression des inégalités accroissent le nombre des exclus de nos sociétés consuméristes ? Comment prendre en compte à la fois les besoins des générations présentes et ceux des générations futures, à qui nous nous devons de transmettre une planète habitable ? Et comment faire droit à ceux que leur situation de vulnérabilité, aujourd'hui et demain, expose en première ligne aux transformations écologiques, quand d'autres n'auront *in fine* qu'à adapter à la marge leur propre mode de vie ?

Notre propos est donc également né d'un constat : il existe un lien indéfectible entre les enjeux de la transition écologique à mettre en œuvre et ceux de la justice sociale.

Les entreprises doivent prendre leur part du problème : parce qu'elles sont l'une des formes privilégiées de transformation de la matière ; parce qu'elles sont les principales utilisatrices de matières premières ; et parce que, directement ou indirectement, elles sont la source de la grande majorité des émissions des gaz à effet de serre, à travers la production et l'usage qui est fait de leurs produits. Nous sommes convaincus que les entreprises ont aussi les capacités et le devoir d'être partie prenante dans la solution, du fait de leur puissance d'action, de leurs capacités d'innovation et de transformation du réel.

Nous nous proposons donc de mettre en lumière, à partir d'exemples concrets pris dans la sphère marchande, la dynamique des possibles et les degrés de liberté que des hommes et des femmes de conviction sont capables de mettre en œuvre depuis leur position dans l'entreprise. Nous avons fait le choix de traiter plus en profondeur la question de l'énergie qui est l'un des sujets au cœur de la problématique des émissions de gaz à effet de serre. Nous abordons les autres questions majeures – le transport, l'habitat, l'alimentation, la santé – qu'au travers de quelques exemples, sans prétendre travailler sur une vue d'ensemble de ces domaines. Partant, nous avons fait le choix d'illustrer ainsi quelques conditions pour que transition écologique et justice sociale puissent advenir ensemble, et non s'exclure l'une l'autre, de façon à repérer les marges de manœuvre de ceux qui, à l'intérieur des entreprises, ont conscience des modifications à apporter à leurs pratiques collectives pour l'avènement d'un monde durable et vivable pour tous.

La question qui nous est posée en tant que citoyens ne nous semble pas, en effet, être d'abord de savoir si nous avons ou aurons les savoir-faire techniques et les moyens financiers : des scénarios d'experts ont été développés montrant nombre de chemins et d'options menant à bon port sans déstabilisation massive de nos sociétés. Et bien qu'aucun d'entre eux ne puisse prétendre rendre compte de la complexité du réel à lui seul, le nombre de chemins proposés ne laisse pas de doute quant à la possibilité d'y arriver.

La question posée nous paraît être bien plus vitale : est-ce que, collectivement, nous voulons *vraiment* changer de cap ? Sommes-nous *réellement* prêts à penser et à agir autrement, hors du cadre, dès maintenant ? En avons-nous les savoir-faire culturels, sociaux et sociétaux ?

La réponse à cette question nous semble, en grande partie, liée à l'aptitude des « élites » du monde entier à se laisser interroger. Quelle capacité ont-elles à prendre du recul sur leur propre mode de vie, quant à son caractère insoutenable, à ses conséquences dommageables pour d'autres, aujourd'hui, et pour leurs petits-enfants, demain ? En ce sens il en va d'un discernement à la fois personnel et collectif à opérer dans toutes nos sociétés.

Nous voici donc face à nos responsabilités. L'ensemble de nos responsabilités. Non pas seulement celles qui nous incombent individuellement, et qui peuvent nous rendre directement complices ou acteurs de désastres écologiques et économiques ; mais aussi celles que nous devons porter ensemble vis-à-vis des lendemains, pour qu'ils chantent.

Notre capacité individuelle et collective à reconnaître l'étendue de nos responsabilités est liée à notre propre capacité à nous laisser toucher, ici et maintenant, par ceux qui, dans nos sociétés et ailleurs, ont peu ou pas de ressources matérielles, par ceux qui n'ont pas eu la chance de bénéficier d'une formation initiale de qualité, par ceux qui sont exclus de fait de la vie sociale...

Lors d'une des réunions jalonnant l'écriture de ce livre, l'un des membres de l'EBN faisait observer que la capacité de chacun à changer son existence, ses modes de vie, est sans doute proportionnelle à sa proximité avec la fragilité sociale. Plus nous vivons dans notre bulle protégée, côtoyant essentiellement ceux qui ont fait des études supérieures proches des nôtres, vivant confortablement au gré de vacances à la mer, à la montagne ou en voyage, plus il nous est difficile de nous rendre compte de ce que vivent celles et ceux qui connaissent la misère et la précarité. Et plus notre « solidarité » risque d'être virtuelle et abstraite...

Il y a donc un risque : que la recherche de solutions concrètes aux situations existantes et à venir soit accaparée, sans qu'ils s'en rendent compte, par les « sachants ». Sans pour autant garantir au consensus forgé entre experts – experts techniques, économistes, représentants des professionnels, pouvoirs publics, etc. – la recevabilité publique indispensable à la mise en œuvre de leurs propositions. Il faut donc aussi à l'expert – que chacun, chacune peut être en son domaine de compétence – apprendre à intégrer les conséquences immédiatement négatives pour des personnes moins favorisées que lui, dans l'évaluation de mesures envisagées, apparemment bénéfiques à long terme. Cela peut-il se concevoir sans leur donner également la parole et toute leur place ? Experts, comment sommes-nous reliés à l'ensemble de la société civile, en particulier à ceux qui justement sont aux marges de nos entreprises, de nos organisations ? Beaucoup des solutions peuvent justement venir d'intuitions et d'initiatives vécues sur le terrain sans lien avec les organisations dans lesquelles nous sommes intégrés.

L'écriture de cet ouvrage est donc liée au désir, partagé par ses auteurs, non pas d'apporter une « solution » technique ou financière pour répondre aux questions du changement climatique, de l'appauvrissement de la biodiversité, de l'épuisement des ressources ou de l'éclatement social de notre monde et de nos sociétés, mais d'explorer comment nous mettre en chemin, comment nous laisser questionner. En tant que citoyens et consommateurs, bien sûr. Mais aussi, et surtout, en tant que collaborateur, cadre ou dirigeant en entreprise, participant par son activité et par ses choix à un modèle économique ; conscient qu'il convient de l'infléchir profondément, radicalement, pour pouvoir être à la hauteur des enjeux pour l'humanité et pour la planète. Et de risquer l'aventure d'une prise de parole collective.

Chaque auteur s'est donc exprimé à partir de son expérience personnelle et des échanges qu'il a eus au sein de l'EBN, comme à l'extérieur, mobilisant une compétence acquise dans un domaine professionnel donné – sans pour autant représenter de quelque manière que ce soit les intérêts de son entreprise ou de son secteur d'activité. Aussi, lorsque nous reprenons dans ces pages telle ou telle situation tirée d'une expérience, qui soit propre à une entreprise ou à un secteur, nous ne visons ni à stigmatiser ni à porter aux nues cette entreprise ou ce secteur. Nous espérons juste donner à voir et aider à comprendre par quels processus des entreprises et leurs collaborateurs peuvent induire des comportements et des actions irresponsables et mortifères, ou, au contraire, entrer dans des dynamiques de transformation positive, parce que compatibles avec les biens communs à promouvoir.

Notre ouvrage démarre par une perspective globale, de surplomb, liée au diagnostic chiffré, factuel et technique de l'ampleur des problèmes. La seule rationalité économique et gestionnaire ne nous permettra pas de nous en sortir. Il nous faut mobiliser une réflexion d'une autre nature, liée à la prise de conscience des choix collectifs à opérer, à partir de la réalité quotidienne, dans nos entreprises comme dans toutes les sphères de nos existences. En ce sens, il s'agit bien de redonner toute sa valeur à l'action collective, sociale et politique, à une dynamique transformatrice dont les entreprises peuvent être porteuses.

Puisse ce livre simplement convaincre quelques personnes de bonne volonté qu'il n'y a aucune fatalité dans ce que nous vivons ; que les systèmes et les organisations sont pensés et conçus par des hommes et pour les hommes ; et que les défis du changement climatique, de la finitude de nos ressources et du déchirement social de notre monde nous appellent à une aventure dont l'enjeu, le défi et l'enthousiasme valent largement tous les défis entrepreneuriaux ou politiques que nous pouvons aimer nous lancer par ailleurs.

Chapitre 1. Énergie, climat et pauvreté

C'est en 1988 que l'Organisation météorologique mondiale (OMM) et le Programme des Nations unies pour l'environnement (PNUE), inquiets des mesures qu'ils font d'un réchauffement régulier du climat, décident de créer un Groupe d'experts intergouvernemental sur l'évolution du climat, le GIEC[1]. Le principal objectif assigné à ces experts est simple et ambitieux : identifier la façon de stabiliser le niveau de concentration dans l'atmosphère terrestre des gaz à effet de serre (GES) que nous produisons, tout en poursuivant l'éradication de la pauvreté. Et cela dans le cadre d'un développement économique soutenable, c'est-à-dire de processus qui laissent aux écosystèmes le temps de s'adapter naturellement aux modifications climatiques inévitables, tout en permettant aux hommes d'éviter les pénuries alimentaires.

C'est en 2014, vingt-six ans plus tard, après le lancement d'une Convention-cadre des Nations unies sur les changements climatiques (CCNUCC)[2] et un prix Nobel de la paix[3], que les trois groupes de

1. Voir la page d'accueil en français du site de l'IPCC (Intergovernmental Panel on Climate Change), www.ipcc.ch.

2. « Convention-cadre des Nations unies sur les changements climatiques », 1992, www.unfcc.int.

3. Attribué en 2007 conjointement au GIEC et à Al Gore pour « leurs efforts de collecte et de diffusion des connaissances sur les changements climatiques provoqués par l'homme et pour avoir posé les fondements pour les mesures nécessaires à la lutte contre ces changements ».

travail du GIEC publient le cinquième rapport d'évaluation de la situation climatique de notre planète[4].

Grâce à ces travaux successifs, nous avons pris conscience[5], collectivement, au fil des ans, de l'impact des activités humaines sur la biodiversité dans laquelle nous évoluons ; et sur la machine climatique qui nous permet d'y vivre. Ainsi, même les décideurs économiques et politiques du World Economic Forum qui se rassemblent chaque année à Davos ne se demandent plus *si* un changement climatique est à l'œuvre, mais *comment* en atténuer les conséquences dommageables[6]. Et ce d'autant plus que le changement climatique n'est qu'un des différents ajustements en cours de notre écosystème auxquels contribuent les prélèvements que nous y opérons sans relâche, en particulier pour atteindre nos objectifs économiques et financiers.

Il nous reste une marge de manœuvre. En principe

En tant que partie prenante d'une biosphère où tout est interdépendant, nous devons apprendre, à marche forcée, à élaborer les réponses politiques nécessaires aux situations annoncées. Et à les mettre en lien avec bien d'autres objectifs sociétaux, pour préserver la possibilité d'une vie bonne pour les générations à venir : santé humaine, sécurité alimentaire, accès à l'énergie, qualité de l'environnement local, biodiversité, etc. Dès aujourd'hui il nous faut apprendre à inventer et à expérimenter des modes de vie plus soutenables, équitables. Et dans la durée, car il y a urgence.

En effet, croissance démographique et croissance économique ont fait que les émissions de GES d'origine humaine n'ont cessé de croître de 1970 à 2010. Ainsi, en quarante ans, nous avons produit près de la moitié des émissions de ce type cumulées depuis... 1750 ! Et ce phénomène s'est même accéléré dans la première décennie de notre siècle. Malgré la crise, de 2000 à 2010, nos émissions ont augmenté en moyenne de + 2,2 % par an, contre un rythme moyen de + 1,3 % par an de 1970 à 2000. Provenant pour 78 % de la combustion de fiouls fossiles et de *process* industriels, nos émissions de GES ont atteint un

4. Voir IPCC, « Climate Change 2014 ».

5. Voir le chapitre « Crise écologique, crise énergétique », dans l'ouvrage d'Alain Grandjean et Hélène Le Teno, *Miser (vraiment) sur la transition écologique*, *op. cit.*

6. Voir World Economic Forum, « Global Agenda Council on Climate Change 2012-2014 », www.weforum.org.

record annuel de 49 gigatonnes de CO_2 équivalent[7] en 2010[8]. Et comme le dioxyde de carbone reste près de cent ans dans l'atmosphère, ce n'est pas le jour où nous arrêterons d'émettre que la situation s'améliorera d'un coup, hélas.

Pour que les nouvelles conditions climatiques induites par ces émissions ne posent alors pas trop de problèmes à nos petits-enfants, il nous faudrait contenir en dessous de 2 °C la hausse de la température de l'atmosphère à la fin du siècle. Une hausse supérieure à 2 °C risquerait de déclencher un emballement de la montée en température *via* des effets cumulatifs (fonte du permafrost dégageant des quantités importantes de méthane, augmentant d'autant la concentration des GES ; hausse importante du niveau des mers avec basculement de morceaux de la calotte glacière antarctique, etc.). Effets aux conséquences menaçantes, catastrophiques, pour nombre de populations alors exposées à des phénomènes météorologiques de plus grande ampleur et, pour certaines, à la migration. Ce seuil est donc vraiment critique.

L'augmentation actuelle constatée de 0,7 °C par rapport à l'ère préindustrielle a déjà des conséquences économiques très lourdes. Ainsi, en 2005, par exemple, première année au cours de laquelle on a recensé plus de vingt et un cyclones, les assureurs ont eu à prendre en charge les destructions causées par quatre cyclones dramatiques (dont Wilma et Katrina, en Haïti et à La Nouvelle-Orléans). Et aussi un premier cyclone à toucher la péninsule Ibérique, ce qu'aucun modèle ne prévoyait jusque-là. Ce qui donne matière à réflexion – y compris dans le champ économique – sur ce qui pourra se passer en 2100 si nos descendants ont alors à supporter une température à la surface de la Terre supérieure de 2,6 °C à 4,1 °C à celle que nous connaissons aujourd'hui[9], faute d'avoir su améliorer les politiques énergétiques et environnementales nationales déjà engagées. Souhaitons-nous réellement qu'ils connaissent un changement très significatif non seulement des phénomènes météorologiques qui nous sont actuellement familiers, mais aussi, plus fondamentalement, de l'ensemble de l'écosystème qui nous permet de vivre ?

---

7. La tonne de CO_2 équivalent (TéqCo_2) est l'unité de mesure qui prend en compte l'ensemble des gaz à effet de serre émis dans l'atmosphère.

8. Ce tonnage regroupe différents gaz à effet de serre, pour l'essentiel liés à notre consommation d'énergie : environ 76 % de dioxyde de carbone (CO_2), 16 % de méthane (CH_4), 6 % de protoxyde d'azote (N_2O) et 2 % de gaz fluorés. Chacun de ces gaz a une durée différente de persistance dans notre atmosphère, et donc de nocivité.

9. Et donc supérieures de 3,3 °C à 4,8 °C à celle de la période préindustrielle.

En langage de climatologue, cet objectif de limiter la hausse à 2 °C a une probabilité très raisonnable d'être atteint si nous parvenons à contenir, dans la durée, la concentration de GES dans notre atmosphère aux environs de 450 parties par million (ppm) de CO_2 équivalent. 450 ppm ? Par comparaison, en 2013, la concentration de GES dans l'atmosphère était estimée, avec les mêmes méthodes, à près de 400 ppm[10] en augmentation de 2 à 3 ppm par an, en accélérant. Et la concentration était de 278 ppm à l'époque préindustrielle. La marge de manœuvre restante semble donc extrêmement réduite. Comment en tirer parti au mieux ?

Pour préparer leur rapport de 2014, les spécialistes du GIEC ont fait appel à des équipes du monde entier capables de modéliser le fonctionnement dans la longue durée de nos activités humaines (comme l'usage de l'énergie, l'agriculture, l'occupation des sols, ou l'économie marchande) et leurs interactions. De tels modèles ne peuvent être bien sûr que des représentations simplifiées de ces processus très complexes. Et, sur des horizons de temps de cinquante à cent ans, ils ne sauraient intégrer toutes les surprises que l'histoire réserve aux hommes. Mais en constituant une base de données regroupant près de 900 scénarios produits à partir de tels modèles, le GIEC s'est donné les moyens techniques nécessaires pour évaluer de façon raisonnable les probabilités d'occurrence des différentes trajectoires climatiques possibles, en fonction des différentes combinaisons de ressources énergétiques, plus ou moins carbonées, que nous parviendrons collectivement à mettre en œuvre d'ici à 2035.

Et ils concluent qu'il y a effectivement encore moyen d'agir. Même si la voie est étroite, compte tenu des choix sociétaux importants qui nous restent à faire.

Agir oui, mais sur quoi ?

Nous n'avons pas l'intention ici de présenter une analyse détaillée des origines et des causes des émissions des gaz à effet de serre : il existe d'excellents ouvrages sur la question[11]. Nous voulons juste permettre au lecteur de toucher du doigt les grands facteurs d'émissions de GES ainsi que les principaux leviers techniques d'action.

10. Source : OMM.

11. Patrick Criqui, Benoît Faraco et Alain Grandjean, *Les États et le Carbone*, Paris, PUF, 2009.

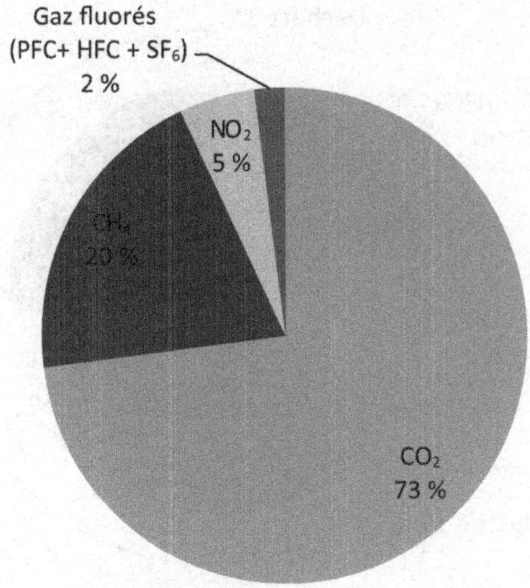

Répartition mondiale des émissions de GES par gaz en 2010

Source : GIEC, 3e groupe de travail, 2014[12].

Le premier facteur est la production de gaz carbonique (CO_2) : de loin, c'est le plus gros contributeur aux gaz à effet de serre puisqu'il constitue près des trois quarts des émissions. Viennent ensuite les activités agricoles, avec le méthane (CH_4, émanation de la fermentation et du bétail) et le dioxyde d'azote (NO_2) lié aux engrais. Enfin les gaz fluorés (PFC, HFC, SF_6) qui ont la particularité d'être des gaz synthétisés par l'industrie : puisqu'ils n'existent pas dans la nature, notre biosphère ne sait donc pas les « digérer », contrairement aux autres GES « naturels » que nous émettons comme le gaz carbonique, le méthane et les oxydes d'azote que la biosphère sait retraiter, mais pour lesquels elle souffre d'overdose.

12. Ministère de l'Écologie, du Développement durable et de l'Énergie, « Chiffres clés du climat France et monde », 2015.

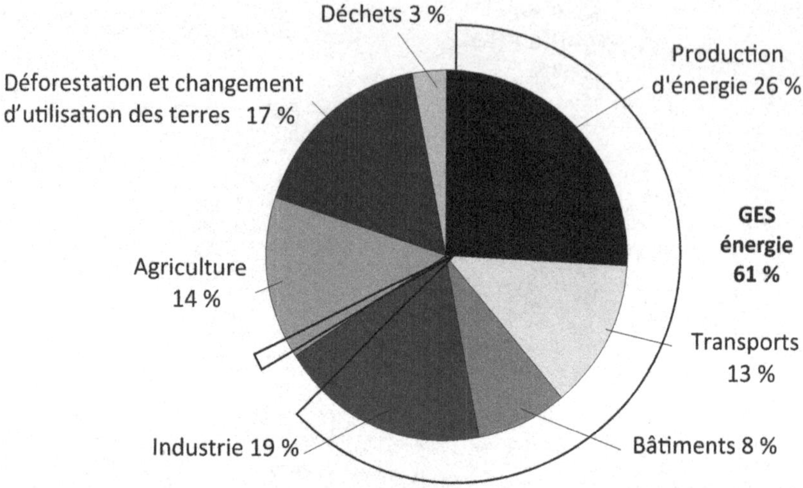

Répartition mondiale des émissions de GES par sources en 2004

Source : GIEC, 2007.

Situation d'overdose d'autant plus problématique que 17 % des émanations de GES restent dans l'atmosphère du fait du changement d'utilisation des terres, en particulier la déforestation. C'est-à-dire la destruction par les hommes de la machinerie forestière qui permet en temps normal à leur écosystème de recycler le gaz carbonique de l'air, en piégeant le carbone et en émettant de l'oxygène.

La question de l'énergie est donc centrale puisqu'elle représentait à elle seule 61 % des émissions de GES en 2004[13]. Et elle est multiforme puisque l'on émet des GES aussi bien quand on produit de l'énergie (extraction de denrées énergétiques, raffinage du pétrole, production thermique d'électricité, etc.) que lorsque l'on s'en sert pour l'industrie, pour le transport ou pour le fonctionnement des bâtiments de bureaux ou d'habitation (chauffage, climatisation, éclairage, électroménager, etc.).

C'est pour cela qu'une très grande part des discussions visant à réduire les émissions de GES concerne l'énergie : comment faire pour avoir une énergie qui émet le moins de GES possible ? Et dans la mesure

13. Et plus de 80 % des émissions de GES de l'Europe à 27 proviennent de l'énergie (European Environment Agency, « EN01 Energy and Non-Energy-Related Greenhouse Gas Emissions », 2010).

où nous savons que même l'énergie la plus propre, la moins émettrice possible de GES va continuer quand même à en émettre, nous arrivons immédiatement à la seconde question : comme faire pour utiliser le moins d'énergie possible ?

Les projections des démographes montrent que nous devrions passer d'une population mondiale de 6 milliards d'habitants en 2000 à 9 milliards en 2050. Forts de ces données, les économistes anticipent une croissance mondiale qui continue à progresser en moyenne de 2,7 % par an sur la même période. Par conséquent, du fait de ces augmentations de la population et du niveau économique moyen, les émissions de GES devraient mécaniquement continuer d'augmenter et être multipliées par quatre entre 2000 et 2050 si nous n'engageons pas d'actions spécifiques pour les réduire. Or, pour les experts du GIEC, il nous faut diviser par deux les émissions de GES entre 2000 et 2050 si nous voulons avoir une bonne probabilité de limiter le réchauffement climatique aux 2 °C fatidiques.

Le calcul devient alors très simple : nous devons diviser par deux des émissions qui sans actions spécifiques s'apprêtent à être multipliées par quatre. Donc, pour tenir notre objectif, il nous faut collectivement décider d'un ensemble d'actions qui nous permettent, à l'échelle de la planète, de diviser par huit les émissions de GES d'origine humaine.

Ce qui ne va pas sans poser de questions : comment faire pour que nos différentes actions nous permettent d'atteindre ce facteur 8 ? Et qui doit faire les efforts ?

La répartition internationale des efforts

C'est sous l'égide des Nations unies que nous avons choisi de nous employer, collectivement, à tirer parti de notre marge de manœuvre résiduelle. Ainsi, les engagements internationaux pris en matière de réduction des émissions de GES, dans la logique du protocole de Kyoto, ont conduit à ce que 67 % de ces émissions fassent l'objet, en 2012, de législations ou de stratégies nationales de contrôle, contre seulement 47 % en 2007 [14]. Mais le protocole est lui-même limité en portée (les pays ayant ratifié l'accord ne représentent que 15 % des

14. Voir « Protocole de Kyoto à la convention-cadre des Nations unies sur les changements climatique », 1998, www.unfcc.int ; « Rapport de la Conférence des parties sur sa seizième session, tenue à Cancún du 29 novembre au 10 décembre 2010 », 15 mars 2011, www.unfcc.int.

émissions de GES en 2015) et dans le temps. Il est donc nécessaire de le remplacer par un nouvel accord international susceptible, à son tour, pour le moins d'encourager – voire, de préférence, de contraindre – l'ensemble des nations à accentuer leurs efforts en matière de prévention des risques climatiques. C'est cela qui est en jeu dans les négociations internationales coordonnées par la France à l'occasion de la 21e conférence des parties prenantes de la CCNUCC (dite COP21) qui se déroulera à Paris du 30 novembre au 11 décembre 2015. Et l'on se prend encore à espérer qu'elle débouche sur de nouvelles résolutions.

Cependant, malgré le ralentissement économique observé en Europe, en Russie et au Japon, les économies des pays membres du G20 [15] ont poursuivi leur croissance en 2013. Leur produit intérieur brut (PIB) a progressé de 2,8 % en rythme annuel, entraînant une augmentation significative de leur consommation d'énergie (+ 2,1 %). Et leurs émissions de GES ont ainsi continué de croître de 2 % par an. Or le poids économique des pays du G20 ainsi que l'impact de leurs populations sur la biosphère leur confèrent une responsabilité particulière et un rôle politique prépondérant, parmi les 193 membres des Nations unies, dans la conception et la mise en œuvre de stratégies collectives capables d'infléchir notre trajectoire climatique : ils sont appelés à être exemplaires et précurseurs.

Mais un rassemblement de chefs de gouvernement et de chefs d'État comme le G20, convoqué pour la première fois en 2008 sous la contrainte d'une crise financière majeure, ne peut se transformer rapidement en instance de gouvernance d'un « bien commun [16] » comme le climat. Sa constitution elle-même reste peu démocratique au regard de son influence sur l'ensemble des autres pays de la planète. Ses limites sont évidentes lorsque se manifestent des tensions géopolitiques majeures en Ukraine, en mer de Chine ou au Moyen-Orient. Certes les relais diplomatiques que peut fournir le cadre de négociations offert sur ces sujets par les Nations unies sont les bienvenus. Mais derrière les enjeux climatiques se cachent aussi des enjeux de pouvoir économique, source de nouvelles rivalités internationales.

---

15. Le G20 regroupe les dix-neuf premières puissances économiques de la planète : Afrique du Sud, Allemagne, Arabie Saoudite, Argentine, Australie, Brésil, Canada, Chine, Corée du Sud, États-Unis, France, Inde, Indonésie, Italie, Japon, Mexique, Royaume-Uni, Russie, Turquie, ainsi que l'Union européenne.

16. Un bien commun est un bien auquel tout être humain devrait pouvoir avoir accès, en tant que composante d'une vie digne. Voir *infra* p. 153 *sqq.*, chapitre 7.

Ainsi, de 2000 à 2013, l'émergence économique des BRICS – Brésil, Russie, Inde, Chine et Afrique du Sud – a profondément modifié la carte des échanges internationaux et le paysage énergétique mondial. Responsable de l'essentiel de l'accroissement de la consommation d'énergie du G20, la Chine, par exemple, est devenue sur cette période le premier pays consommateur d'énergie primaire dans le monde. En quelques années elle a donc relégué les États-Unis à la deuxième position, tandis que le poids de l'Europe des vingt-huit se réduisait de façon très significative, passant, de 2000 à 2013, de 21 % à 15 % de la consommation d'énergie des pays du G20. Le contexte qui prévalait il y a vingt ans lors des négociations des premiers accords internationaux sur le climat a donc complètement changé.

Ainsi, initialement, la communauté internationale s'est accordée pour reconnaître aux pays développés, pour la plupart membres de l'Organisation de coopération et de développement économiques (OCDE), la principale responsabilité historique du changement climatique à venir. Ce qu'a depuis confirmé l'Agence internationale de l'énergie (AIE), en évaluant à 65 % la part des pays de l'OCDE dans les émissions de GES entre 1900 et 2010. Un tel constat a alors donné toute sa légitimité aux demandes de soutien financier adressées par les pays émergents aux pays développés. En effet, les pays développés ayant préempté la capacité de notre planète à absorber des GES, les pays émergents, pour se développer – cette fois de façon plus responsable –, vont devoir poursuivre de nouveaux modèles économiques plus « propres » et donc plus coûteux que ceux qui ont fait, en leur temps, la richesse des pays de l'OCDE. Surcoût pour les pays émergents qu'il est juste de faire porter par les « vieux pays » émergés... Et c'est là l'une des difficultés majeures des négociations internationales, tant il est vrai que c'est une chose de se mettre d'accord sur un objectif global de réduction des émissions de GES, et que c'en est une autre, et d'une difficulté bien plus grande, que de s'accorder sur la répartition des efforts pour y arriver.

De plus, aujourd'hui, en matière de responsabilités historiques, les lignes de partage ne sont plus aussi clairement dessinées. Par exemple, en 2013, chaque Chinois a émis presque autant de CO_2 qu'un Européen. Et d'ici à 2035, toujours selon l'AIE, ce seront les pays émergents comme la Chine – et non plus les pays développés – qui produiront 65 % des émissions de GES. Si bien qu'à l'horizon 2035, pays développés et pays émergents auront *in fine* contribué à parts égales à l'ensemble des émissions de GES accumulées dans l'atmosphère depuis 1900.

Cette projection remet en cause l'idée que les pays développés seraient les principaux responsables de la situation à venir. Et conduit par là même à se réinterroger sur le partage, entre les nations, des coûts des politiques à mettre en œuvre. D'autant que le contexte économique semble contraindre les pays développés à donner la priorité à la réduction de leur propre dette publique, au détriment d'investissements structurants pour l'avenir... Et, en même temps, à oublier que les délocalisations de l'industrie des pays les plus développés vers les pays émergents ont aussi consisté en un transfert massif des émissions de GES vers ces derniers... pour que les premiers puissent s'y fournir, moins cher, en produits de consommation. De plus, si les pays en développement émettent une part grandissante de GES, leurs émissions par habitant restent dans l'ensemble très inférieures à celles des pays développés...

La question de la répartition des responsabilités et des efforts à faire est tout sauf simple. Mais les débats et âpres négociations que de telles perspectives devraient induire dans les couloirs des Nations unies ne changeront toutefois rien à la réalité. Certains pays qui ne sont pas pour grand-chose dans le dérèglement climatique annoncé verront leurs populations en être les premières victimes. Et ils ne disposent pas des ressources nécessaires pour s'adapter à ce futur menaçant. Ainsi en est-il par exemple des îles Tuvalu, exposées, dans le Pacifique, à la montée du niveau de la mer et à son réchauffement. Ou encore de l'Éthiopie dont une grande partie de la population rurale, déjà en peine de se nourrir, n'a pas non plus les ressources pour adapter ses pratiques agricoles. On perçoit bien à travers ces exemples les questions de justice qui ne pourront pas longtemps être occultées.

Le principal enjeu des négociations internationales n'est donc pas vraiment technique. Elles intègrent bien d'autres paramètres, qui vont de la participation historique à la pollution aux capacités financières des entités concernées, en passant par toutes les questions géopolitiques d'indépendance énergétique, les questions d'emploi local et de filières industrielles existantes, et la sensibilité des uns et des autres aux exportations de telle ou telle matière première, aussi bien qu'au maintien d'une stabilité économique et sociale. Et la difficulté de telles négociations est majeure. Elles doivent par exemple permettre de dépasser le décalage temporel existant entre la nécessité d'actions immédiates – et d'en supporter l'effort et les coûts associés – et la perspective des bénéfices à en tirer, éloignés dans le temps, qui paraissent (évidemment à tort) immatériels. De plus elles prennent place dans un contexte d'interdépendance qui donne à chacun l'illusion que les efforts qu'il va lui être demandé de fournir seront disproportionnés par rapport à sa part réelle de responsabilité dans la dégradation climatique annoncée.

Deux poids lourds : Chine et États-Unis

Dans la perspective de la fin du siècle et des générations à venir, nous sommes donc bien tous à nouveau sur le même bateau. Et il nous faut l'empêcher de couler.

Malheureusement, de 2000 à 2013, la part du charbon – qui reste à ce jour la source d'énergie la moins chère et la plus équitablement répartie dans le monde pour produire de l'électricité – a continué de croître dans les pays les plus développés [17]. Et, quoiqu'étant la source d'énergie fossile la plus polluante, ce combustible – réputé, en Europe, énergie du XIXe siècle – est donc en passe de devenir la première source d'énergie mondiale [18] en ce début de XXIe... Ce qui maintient inexorablement notre planète sur une trajectoire conduisant à une hausse de plus de 3 °C de la température de son atmosphère [19] !

Face à une telle inertie des « mix énergétiques » nationaux, chaque État est donc en droit, aujourd'hui, de se demander comment aborder les années à venir. Est-il de l'intérêt d'une nation d'être vertueuse en encourageant, sur son territoire, une logique de sobriété énergétique et de décarbonisation de son économie, tant que continueront de croître les émissions de GES d'économies en développement comme celle de la Chine ? Est-il raisonnable d'engager ce type de politiques tant que les premiers émetteurs au monde – la Chine et les États-Unis d'Amérique –

17. Les 28 pays membres de l'Union européenne et les pays non européens, membres du G20.

18. AIE, « Medium-Term Coal Market Report », 2012, avec un regain qui touche également l'Europe.

19. Après les augmentations record des émissions de CO_2 dues à la combustion des énergies fossiles en 2013, nous avons eu la bonne surprise de constater une stagnation en 2014 malgré une progression du PIB mondial de 3,3 %. Voyons s'il s'agit juste d'un épiphénomène ou de la première marque d'un heureux renversement de tendance. N'oublions pas cependant que l'enjeu n'est pas seulement une stagnation mais une division durable par 2 de l'ensemble des émissions de GES d'ici 2050 par rapport aux émissions de 1990 (soit une division par 2,8 par rapport aux émissions actuelles) pour avoir une chance raisonnable de limiter le réchauffement à 2 °C. Et ce, quelle que soit la croissance du PIB...

ne s'engagent pas résolument sur cette même voie ? À quoi bon se contraindre si ceux-ci ne le font pas ?

Ainsi les deux champions mondiaux de la consommation d'énergie primaire sont-ils devenus, sans réellement le choisir, les acteurs clés du succès ou de l'échec de la conférence de Paris de 2015. Copilotes, en quelque sorte, de la politique climatique de notre planète, ils ont au moins un autre point en commun. Jusqu'en 2013, dans leurs stratégies de croissance économique, ils ont placé l'indépendance énergétique de leurs économies nationales au-dessus de tout critère climatique. Ce qui les a conduits à adosser autant que possible le développement de leurs économies à la mise en exploitation rapide de leurs ressources énergétiques locales. Avec, pour conséquence, une vive incitation pour chacun à promouvoir l'exploitation de ses réserves de charbon pour permettre l'électrification de ses territoires[20].

Dans le cas de la Chine, au terme d'un programme étatique conduisant à électrifier chaque année l'équivalent d'un grand pays européen, le charbon contribue aujourd'hui à la production d'électricité à hauteur de 80 %. Il en résulte une crise sanitaire sans précédent, du fait de la pollution locale, aux conséquences immédiates beaucoup plus perceptibles que celles des émissions de CO_2. D'où l'annonce en 2014, par les autorités, d'une inflexion de sa politique énergétique « tout charbon » à compter de 2015 ; et un probable encouragement, dans le cadre de son 13ᵉ plan (2016-2020), à la maîtrise technologique dans le secteur des énergies renouvelables. Ce qui pourrait permettre à ce grand pays de prendre le risque de s'engager formellement dans le cadre de la COP21, et de réduire à terme – après 2030 ? – ses émissions[21].

Un risque que les États-Unis semblent déjà être en mesure de prendre. Car la part du charbon dans leur mix énergétique s'est déjà réduite significativement ces dernières années. En effet, sous la pression concurrentielle du gaz naturel, moins polluant, et devenu très (trop) abondant et pas cher, du fait de la mise en exploitation systématique des réserves nord-américaines de gaz de schiste, une part croissante de la

20. Voir IFP Énergies nouvelles, « Le charbon, énergie du XXIᵉ siècle ? », www.ifpenergiesnouvelles.fr.

21. L'enjeu est d'autant plus aigu que selon les calculs de plusieurs économistes à partir des émissions des différentes provinces chinoises, la Chine aurait sous-estimé, ces dernières années, ses émissions annuelles de 1 milliard 300 millions de $TeqCO_2$ – soit l'équivalent des émissions annuelles du Japon. Source : Dabo Guan, Zhu Liu, Yong Geng, Sören Lindner et Klaus Hubacek, « The Gigatonne Gap in China's Carbon Dioxide Inventories », *Nature Climate Change*, 2012.

production thermique d'électricité y a basculé du charbon au gaz naturel. Ce qui a contribué, du moins dans la comptabilité qui en est faite aujourd'hui[22], à la réduction des GES émis par les États-Unis. De ce fait, le pays est donc maintenant en situation de pouvoir s'engager formellement, dans les négociations climatiques de 2015, à poursuivre cette trajectoire de baisse de ses émissions. Et de faire oublier que les Américains – alors encore climato-sceptiques ? – n'ont pas ratifié l'accord international précédent, le protocole de Kyoto. Sans compter que cette baisse des émissions américaines est assise sur des dommages écologiques très importants pour les territoires sur lesquels s'effectue l'exploitation des gaz de schiste.

Le fait que la Chine et les États-Unis se soient engagés conjointement[23], début novembre 2014, à réduire leurs émissions de CO_2 d'ici à 2030 est donc un premier signe positif pour la communauté internationale : les deux pilotes semblent s'être mis d'accord sur un même cap à suivre !

Une Europe qui tente de prendre ses responsabilités

L'année 2015 est donc celle où la communauté internationale est appelée à s'entendre sur une façon de s'organiser collectivement pour partager entre tous, de façon équitable, les différents fardeaux qui permettront à l'empreinte écologique de chacun des habitants de notre planète, d'ici à 2050, de tendre vers un niveau modéré d'émissions de GES compatible avec l'objectif de + 2 °C en 2100. Et chacun des négociateurs sait, quelle que soit sa posture publique, officielle, que pour atteindre un tel objectif de justice, pays développés et pays déjà « émergés » vont devoir donner la priorité aux populations d'autres pays qui espèrent accéder à de meilleures conditions de vie, en décidant de baisser rapidement et très fortement leurs niveaux d'émissions...

En vue de ces négociations, il a été demandé à chacun des pays parties prenantes des Nations unies de s'engager, publiquement et volontaire-

---

22. Car les fuites de gaz naturel associées au processus d'extraction du gaz de schiste ne seraient pas complètement intégrées aux statistiques d'émission de GES des États-Unis. De plus la mesure des GES associés à ce mode de production de gaz naturel ne saurait non plus rendre compte de l'ensemble des impacts de telles pratiques sur l'environnement.

23. Les États-Unis se proposent, pour leur part, de réduire de 26 % à 28 %, d'ici à 2025, leurs émissions de CO_2 (par rapport à 2005). La Chine, quant à elle, ferait le nécessaire pour que ses émissions de CO_2 plafonnent en 2030, en doublant d'ici là la part des énergies non fossiles, la faisant passer à 20 % de sa consommation d'énergie primaire.

ment, sur les trajectoires énergétique et environnementale qui lui paraissent le mieux adaptées pour contribuer, à son niveau, à ces objectifs communs de justice et de sobriété en matière d'émissions de GES. Pour s'y préparer, de nombreux gouvernements ont fait appel à leur tour à des experts en modélisation, afin d'évaluer les différents scénarios [24] s'offrant à eux avant d'arrêter leurs choix.

C'est sur la base de tels scénarios que l'Union européenne avait déjà adopté, en 2009, à usage interne, un « package » énergie et climat donnant à ses pays membres un premier volant d'objectifs pour 2020 par rapport à 1990 : les trois fois « 20 », c'est-à-dire 20 % de réduction des émissions de GES, 20 % d'énergies renouvelables dans la consommation finale d'énergie et 20 % de baisse de la demande d'énergie primaire. Tout en tenant compte d'enjeux plus traditionnels en matière de politique énergétique : la compétitivité de l'économie de la zone et sa sécurité d'approvisionnement.

Mais l'UE s'était aussi engagée vis-à-vis de la communauté internationale sur un objectif beaucoup plus ambitieux que ces trois fois « 20 » : réduire de 80 % à 95 % ses émissions de GES d'ici à 2050. Ce qui supposerait, pour y parvenir, que la croissance économique en Europe ne provienne plus que d'activités non émettrices de GES. Et, pour cela, que soient engagées des politiques beaucoup plus exigeantes, parce que s'appuyant sur un autre rapport du politique à la croissance.

C'est dans ce contexte que la Commission européenne a établi en 2011 une nouvelle feuille de route pour une économie compétitive à faible teneur en carbone en 2050, ainsi qu'une « Feuille de route pour l'énergie à l'horizon 2050 ». Puis elle a rendu publique, début 2014, une proposition de cadre pour les politiques énergétiques en Europe à l'horizon 2030 [25]. Cette démarche a finalement abouti à un accord, en octobre 2014, entre les vingt-huit chefs d'État et de gouvernement de l'Union européenne. Les citoyens européens se trouvent donc ainsi engagés à réduire d'au moins 40 % les émissions de GES de l'Union d'ici à 2030, par rapport à 1990. Et sur ce chemin, ils s'efforceront – vœu pieux ou nécessité ? – de porter la part des énergies renouvelables à 27 %

24. Voir, par exemple, l'étude « Costs and Benefits to EU Member States of 2030 : Climate and Energy Targets » commandée par le Department of Energy and Climate Change du Royaume-Uni à l'équipe « Global Energy Forecasting » de la société française Enerdata.

25. Voir Commission européenne, « Un cadre pour les politiques en matière de climat et d'énergie à l'horizon 2020 », http://ec.europa.eu, 1er juin 2013.

de leur consommation, ainsi que de réaliser 27 % d'économie d'énergie...

Mais en pratique, sous couvert de subsidiarité, la logique institutionnelle conduit les Européens à poursuivre vingt-huit politiques nationales plutôt qu'une seule et même politique communautaire de l'énergie et du climat. Nous nous dispersons, de ce fait, dans une myriade de politiques et de projets locaux, et renonçons ainsi à la force de frappe d'une politique globale cohérente[26]. Et nous nous satisfaisons collectivement de réduire les objectifs de la transition énergétique à de simples paris technique, économique et politique à faire prendre par quelques experts, au lieu de constituer un projet mobilisateur, nécessitant une trajectoire sociétale maîtrisée.

Une France qui se fixe des objectifs

En France, le Débat national sur la transition énergétique (DNTE) a également mobilisé des experts. Pendant la première moitié de 2013, ils ont eu à mettre en perspective les choix qui se présentent à la collectivité nationale, dans le contexte européen, compte tenu de la dynamique du système économique et énergétique mondial. La recommandation faite par les experts du GIEC de diviser par deux au niveau mondial les émissions de GES entre 2000 et 2050 revient pour la France à diminuer par quatre ses émissions, compte tenu de son niveau de développement économique et de ses émissions actuelles[27]. Ce qui supposerait que nous, Français, divisions par 5,2 d'ici à 2050 notre niveau d'émissions de GES par habitant compte tenu de la croissance démographique de notre pays.

Pour aller dans ce sens, quatre « trajectoires » ont été identifiées[28]. Mais aucun des scénarios ne permet à la France d'atteindre ce « facteur 4 », tant que notre consommation annuelle en énergie finale reste supérieure à 100 Mtep (millions de tonnes équivalent pétrole). Aussi les experts en sont-ils arrivés à la conclusion que notre pays doit

26. Voir Cécile Maisonneuve, « L'Europe de l'énergie : un contrat à refonder d'urgence », note de l'IFRI, avril 2014.

27. L'objectif étant une réduction de 10 à 12 pour les États-Unis, l'Australie, le Canada, de 6 à 7 pour le Danemark et l'Allemagne, de 1,8 pour la Chine

28. Ce paragraphe reprend pour l'essentiel les travaux de Thierry Salomon, « Analyse comparative des émissions de GES entre scénarios », contribution au groupe Experts-Débat national sur la transition énergétique, version 310513g.

s'engager résolument sur la voie d'une forte baisse de la demande en énergie, tout en agissant pour limiter toutes les sources d'émissions.

Ces conclusions ont été reprises dans le premier article du projet de loi de programmation présenté au gouvernement français en juin 2014. Le ministère de l'Écologie, du Développement durable et de l'Énergie y articule, en effet, une proposition politique autour de :

> « cinq objectifs clairs et volontaires [...] à moyen et long termes [...] traitant deux objectifs simultanés : la baisse des émissions des gaz à effet de serre et la volonté de réduire de façon significative la part du nucléaire dans le mix énergétique français :
>
> – réduire les émissions de gaz à effet de serre françaises pour contribuer à l'objectif européen de baisse de 40 % de ces émissions en 2030 (par rapport à la référence 1990) ;
>
> – diminuer de 30 % notre consommation d'énergies fossiles en 2030 ;
>
> – ramener la part du nucléaire à 50 % de la production d'électricité en 2025[29] ;
>
> – porter en 2030 la part des énergies renouvelables à 32 % de notre consommation énergétique finale, soit 40 % de l'électricité produite, 38 % de la chaleur consommée et 15 % des carburants utilisés ;

– diviser par deux notre consommation finale d'énergie d'ici à 2050[30]. »

Comment y parvenir ? Reste bien sûr à savoir quels moyens mettre en œuvre pour que ces (cinq) objectifs soient atteints.

Comment choisir la trajectoire ?

Passer ainsi du champ du savoir – le maniement d'outils techniques d'aide à la décision – à la mise en œuvre d'une double prescription politique, en termes de mix énergétique national et de sobriété énergétique, n'est pas banal. Ce qui incite à regarder de plus près la façon dont a pu s'effectuer, à partir des scénarios étudiés, le passage de l'analyse prospective à la formulation d'une trajectoire donnée.

29. Cet objectif ne concerne pas la diminution des émissions de gaz à effet de serre mais est lié également à la minimisation des risques liés à l'énergie et aux déchets nucléaires. Les investissements en énergie renouvelable pour remplacer le nucléaire peuvent du coup entrer en compétition avec les investissements pour remplacer les combustibles fossiles. Il y a donc effectivement lieu d'avoir un débat entre les priorités à suivre et la façon d'y répondre.

30. Voir ministère de l'Écologie, du Développement durable et de l'Énergie, « La transition énergétique pour la croissance verte. Grands axes », titre I « Objectifs », www.developpement-durable.gouv.fr, 10 février 2015.

Une technique, un savoir, peuvent en effet être mis au service d'un objectif politique. Et c'est le cas ici : il s'agissait bien de simuler les différentes façons d'atteindre simultanément un objectif politique international – le facteur 4 en 2050 *versus* « l'objectif européen de baisse de 40 % » des émissions de GES en 2030 – et un objectif politique national – ramener la part du nucléaire dans la production électrique nationale à 50 % à l'horizon 2025. Mais, pour autant, chaque auteur de scénario n'en reste pas moins libre de prendre ses propres options éthiques au moment de modéliser les interactions d'un ensemble de processus socioéconomiques, énergétiques et environnementaux.

L'exemple ci-dessous montre comment, pour arriver à cet objectif du facteur 4, les scénarios proposés peuvent être radicalement différents.

L'Alliance nationale de coordination de la recherche pour l'énergie (ANCRE[31]) a fait le choix d'explorer en priorité, abstraction faite de toute considération économique, la faisabilité technique du facteur 4. Ce qui l'a conduite à proposer trois scénarios différents : « Sobriété », « Électricité » et « Vecteurs diversifiés ». Néanmoins, pour chacun d'entre eux, la réalisation de cet objectif, d'une part, repose sur des paris portant sur la soutenabilité des efforts exigés (économiques et financiers, organisationnels, sociétaux), et, d'autre part, requiert la levée de verrous technologiques à un horizon rapproché.

Chaque scénario doit miser sur une ou plusieurs révolutions technologiques et/ou organisationnelles majeures :

– capture et stockage du CO_2, ainsi que des réseaux intelligents pour le scénario « Sobriété » ;

– stockage électrique de grande capacité pour le scénario « Électricité » ;

– développement du chauffage urbain par récupération de la chaleur coproduite par les centrales électriques pour le scénario « Vecteurs diversifiés[32] ».

Aussi les experts de l'ANCRE attirent-ils l'attention sur l'accumulation de ces hypothèses de rupture technologique. Prudents quant à leur probabilité de réalisation, ils invitent à identifier des marges de manœuvre en cas de retard dans la réalisation des progrès nécessaires à la mise en œuvre de tels scénarios. Et sont donc allés jusqu'à en proposer un

31. Voir ANCRE, « Scénarios énergétiques de l'ANCRE », www.allianceenergie.fr, avril 2013.

32. Voir ANCRE, « Scénarios de l'ANCRE pour la transition énergétique. Rapport 2013 », www.allianceenergie.fr.

quatrième qui combine une part d'électricité d'origine nucléaire proche du niveau actuel, avec des productions renouvelables[33].

À l'opposé de cette approche centrée sur le progrès technique, l'association négaWatt a proposé, pour élaborer son scénario, de partir des usages et non des ressources : « [...] c'est de nous chauffer, de nous éclairer ou de nous déplacer dont nous avons besoin, et non de bois, d'uranium ou de pétrole[34]. » Et de s'interroger :

> « [...] sur les moyens les plus soutenables de satisfaire nos besoins de services énergétiques en appliquant une démarche en trois temps :
>
> – la sobriété tout d'abord, qui consiste à interroger nos besoins puis agir à travers les comportements individuels et l'organisation collective sur nos différents usages de l'énergie, pour privilégier les plus utiles, restreindre les plus extravagants et supprimer les plus nuisibles ;
>
> – l'efficacité ensuite, qui consiste à agir, essentiellement par les choix techniques en remontant de l'utilisation jusqu'à la production, sur la quantité d'énergie nécessaire pour satisfaire un service énergétique donné ;
>
> – le recours aux énergies renouvelables enfin, qui permet, pour un besoin de production donné, d'augmenter la part de services énergétiques satisfaite par les énergies les moins polluantes et les plus soutenables[35]. »

La démarche proposée par négaWatt permettrait d'aboutir en 2050 à une diminution de notre demande en énergie primaire de 66 % par rapport à la situation de 2010, avec un système énergétique national totalement décarboné, malgré un arrêt – selon négaWatt, maîtrisé et cohérent – de toute production d'électricité nucléaire en 2033.

Le fait que de nombreux scénarios aient pu être élaborés en proposant des trajectoires technologiques et financières permettant d'arriver à l'objectif est plutôt encourageant sur sa faisabilité technico-économique : il est tout de même plus facile de choisir entre plusieurs solutions, voire de trouver un chemin qui combine différentes propositions, que d'être dans une équation sans solution.

Mais vers où aller quand les alternatives sont si radicalement différentes ? Quel scénario traduire en programme d'action ? Sur la base de quels critères ? Techniques ou éthiques ? Cela montre aussi que l'enjeu

33. Voir « La variante "Nucléaire et EnR" : ELEC-V », in ANCRE, « Scénarios de l'ANCRE pour la transition énergétique. Rapport 2013 », *op. cit.*, p. 31.

34. négaWatt, « Scénario négaWatt 2011-2050. Hypothèses et méthode », www.negawatt.org, mai 2014, p. 6.

35. *Ibid.*

de fond est plus politique, social, culturel, sociétal, que technique et financier.

L'échec en 2014 de la mise en place de l'écotaxe[36] pour le transport routier doit nous alerter. Politiques, experts et représentants officiels des parties prenantes ont bien été mobilisés pour participer à de multiples débats préparatoires. Et la solution technique a bien été retenue de façon consensuelle par l'ensemble des « sachants » impliqués dans les processus de décision. Or ce choix s'est avéré irrecevable, en Bretagne, d'un point de vue sociétal, notamment en raison de la modification des textes modérant la taxe pour cette région, lors des débats parlementaires. Provoquant une forte mobilisation d'une minorité militante, savoir et politique n'ont pas réussi à trouver une manière de faire valoir un « bien commun » à venir – immatériel ? – face à de fortes contraintes individuelles et des objectifs – monétaires – immédiats. Il va donc aussi falloir apprendre, à l'avenir, à mobiliser des solidarités de ce type en vue d'un projet de société, et pas uniquement en opposition à des mesures considérées comme inadéquates.

Saurons-nous éviter les pièges ?

Savoir et politique vont-ils suffire pour mener à bien la transition énergétique ? Avons-nous déjà développé le véritable savoir-faire collectif nécessaire, en Europe et en France, en matière de politique environnementale ?

En Europe, nos choix politiques antérieurs nous ont conduits à renoncer à l'utilisation de la fiscalité pour sensibiliser les émetteurs de GES aux coûts associés aux conséquences de ces émissions. Nous avons préféré mettre en œuvre une « régulation » par le marché ; et tabler pour ce faire sur la capacité d'un Système communautaire d'échange de quotas d'émission (SCEQE) à produire un « prix du carbone » pertinent. C'est-à-dire suffisamment élevé, dans la durée, pour inciter les émetteurs de GES à investir résolument dans des solutions techniques économes en émissions plutôt que d'acheter à fonds perdu, année après année, les « droits à polluer » nécessaires au maintien de leurs activités économiques.

36. Basé sur le principe du « pollueur-payeur », le système de l'écotaxe envisageait de taxer tout camion transportant des marchandises, au prorata des kilomètres parcourus. Le déploiement des équipements nécessaires à l'enregistrement de la circulation des poids lourds, les portiques, donna lieu à des manifestations, en particulier en Bretagne, qui conduisirent les pouvoirs publics à renoncer au projet.

Nul scénario d'expert n'avait anticipé qu'un sévère ralentissement économique permettrait à l'Europe d'atteindre momentanément ses objectifs en matière de réduction des émissions de GES sans que les émetteurs aient réellement besoin d'acheter sur le marché des droits supplémentaires. Provoquée par « la crise », une baisse conjoncturelle des émissions des industriels européens a donc contribué à un effondrement massif du prix des droits à polluer en Europe. Dès lors, le « signal prix », très court terme et volatil, donné aux industriels par le marché européen des permis d'émission, ne les incite nullement à la vertu dans leurs choix de procédés industriels et ne permet pas non plus de pérenniser la réduction enclenchée[37]. Contrairement à ce qu'une approche par une fiscalité stable dans la durée aurait pu produire. Et c'est ainsi que la seule rationalité économique – en rien vertueuse – a conduit nombre de producteurs d'électricité, en Europe, à fermer des centrales à gaz – plus propres – pour maximiser la production de leurs centrales à charbon – beaucoup plus polluantes. Mais beaucoup plus rentables[38].

Par là même, des acteurs du marché européen de l'énergie ont pu développer de nouveaux jeux marchands – improbables ? – en poursuivant des objectifs particuliers, peu compatibles *a priori* avec le bien commun censé être poursuivi grâce au cadre institutionnel et réglementaire européen dont savoir et politique ont été à l'origine.

Ces acteurs du marché européen de l'électricité qui ont joué à recarboner leurs productions ont deux points en commun avec la plupart des « Bonnets rouges » qui se sont opposés à l'écotaxe. Ils appartiennent au monde de l'entreprise. Et ils poursuivent en priorité leurs propres objectifs économiques à court terme. En parfaite cohérence avec la logique du système économique dans lequel ils ont à être efficaces.

Les acteurs du savoir et de la politique le savent bien : seuls ils ne peuvent rien, sauf à faire le choix d'une action coercitive. Légale. Au risque de remettre en cause l'autonomie, l'altérité même d'autres acteurs, en particulier ceux du monde économique, dont ils entendent en principe protéger la diversité et la capacité d'innovation... Pour que leur souci

---

37. Par ailleurs les calculs ne prennent en compte que les émissions sur le territoire national, ignorant celles liées à la production de produits importés qui, en France, nous font passer de 8 tonnes de CO_2 par habitant et par an à 12 tonnes. (Source : Ademe, « L'empreinte carbone de la consommation des Français », 2012).

38. En particulier, grâce à une baisse du prix du charbon sur les marchés internationaux, du fait des productions excédentaires de charbon chassées des États-Unis par le gaz de schiste

d'un bien commun puisse devenir réalité à l'horizon 2050, il leur faut donc s'atteler à mobiliser dès aujourd'hui tous les transformateurs du réel, au premier rang desquels les entreprises. Et, avec les moyens qui sont les leurs, donner de la visibilité et un cadre commun à l'action conjointe des citoyens, des entreprises, des territoires et de l'État.

C'est ici qu'intervient la question de la responsabilité des entreprises. En quoi sont-elles concernées par la transition écologique ? Comment peuvent-elles gérer les possibles conflits entre leurs propres objectifs et cette recherche collective du bien commun qu'est la stabilité du climat ? Est-il de leur ressort de prendre des initiatives pour résoudre de telles situations ? En ont-elles les moyens techniques et financiers ?

Chapitre 2. L'entreprise : problème ou solution ?

Chaque entreprise, placée, de fait, au cœur de divers processus de production et d'échange, est responsable directement ou indirectement d'émissions de gaz à effet de serre (GES). Elles proviennent de ses demandes faites à ses fournisseurs, de sa propre activité de production, ou encore de l'utilisation de ses produits, y compris de leur destruction finale une fois usagés.

Un constructeur automobile, par exemple, a un impact réel sur les émissions liées à la production de l'acier et de l'ensemble des composants nécessaires pour produire ses véhicules ; sur ses propres émissions lors de leur assemblage et de leur transport jusqu'aux points de vente ; et sur la totalité des émissions produites du fait de l'usage de ses véhicules, de leur maintenance puis de leur destruction (ou recyclage). Son impact se révèle être encore beaucoup plus important lorsque l'on considère tout ce qui est nécessaire pour rendre possible l'usage d'un véhicule : une industrie pétrolière bien sûr, mais aussi une infrastructure routière, des aires de stationnement, des services associés (dépannage, etc.).

Mais plus une ligne de produit a un large impact sur l'émission de GES, plus se multiplient les leviers d'amélioration dont peuvent se saisir toutes sortes d'entrepreneurs innovants, à chaque étape des processus concernés.

À l'origine du problème, le monde de l'entreprise peut donc aussi contribuer à la mise en œuvre de solutions. Et c'est heureux, puisque le défi est grand.

Être plus économe en énergie

Depuis le premier choc pétrolier, l'amélioration des technologies (soutenue par une pression politique favorable à des normes techniques de plus en plus contraignantes, en particulier dans l'automobile et le bâtiment, en réponse à une sensibilité accrue aux questions de pollution de l'environnement, puis au problème majeur posé par les émissions des gaz à effet de serre) nous a permis de faire des pas de géant vers une meilleure efficacité énergétique[1] de l'ensemble de nos installations industrielles et privées : les moteurs de voiture consomment beaucoup moins qu'il y a trente ans, les centrales thermiques produisant de l'électricité à partir de l'énergie fossile ont grandement amélioré leur efficacité, les nouveaux logements sont mieux isolés, nos télévisions et appareils électroménagers sont aussi beaucoup plus économes en énergie.

Une ampoule led consomme de six à huit fois moins que l'ampoule à incandescence que nous utilisions il y a juste encore quelques années, avec en prime une durée de vie de vingt ans, à raison de sept heures d'utilisation par jour. Dans le secteur automobile, de très gros progrès ont été faits en matière de consommation des moteurs thermiques : ils sont aujourd'hui capables de convertir en énergie motrice 35 % à 40 % de l'énergie disponible dans le carburant. Et il y a encore des marges de progrès importantes : l'optimisation continue des moteurs et des carburants reste une bonne façon d'augmenter notre efficacité énergétique.

Mais nous pouvons aborder cette question de l'efficacité énergétique d'un véhicule d'une manière un peu moins conventionnelle. Si l'on tient compte de ce que cette énergie sert à déplacer, en moyenne 1 500 kg pour seulement 100 kg de passager transporté (sur la base d'un taux de remplissage moyen de 1,3 personne par voiture particulière en Europe), nous aboutissons à une efficacité moyenne de l'ordre de 1 %. En d'autres termes, 99 % de l'énergie consommée part soit en chaleur et autres déperditions qui ne servent pas au mouvement de la voiture, soit à mouvoir la masse de la voiture elle-même, en dehors de sa charge utile. Seul 1 % de l'énergie consommée est donc finalement utilisé pour transporter la « charge utile », ce à quoi est censée servir la voiture. On devrait pouvoir faire mieux[2]. S'il est certes intéressant que

1. Rapport de l'énergie consommée sur l'énergie produite.

2. Voir Maximilien Rouer et Anne Goyon, *Réparer la planète. La révolution de l'économie positive*, Paris, Jean-Claude Lattès, 2007, p. 331.

les constructeurs poursuivent leurs recherches sur de plus petits moteurs à essence, plus performants et plus économes que la plupart des moteurs diesel équipant aujourd'hui le parc automobile européen, ne serait-il pas plus efficace de chercher en parallèle à proposer des modes d'usage permettant d'améliorer le remplissage des voitures à chaque trajet ? Ne perdons pas de vue que personne n'est jamais obligé d'acheter les produits ou les services d'une entreprise. C'est à elle de comprendre de quelle façon elle peut répondre aux demandes ou besoins de ses clients potentiels et de savoir les rendre désirables. Cela doit valoir aussi pour toutes les propositions qui vont dans le sens de la transition.

Encourager un meilleur usage des véhicules pourrait en effet conduire à un moindre besoin de renouvellement du parc existant ; et donc à une réduction de la production de nouvelles automobiles et, par conséquent, des besoins en acier et divers composants. Pourquoi s'en priver collectivement, s'il n'y a pas de véritable raison de craindre que, par effet rebond[3], les constructeurs décident de réduire leurs activités de recherche et développement dans le domaine de la motorisation ? Mais les représentants des constructeurs automobiles ne seraient-ils pas tentés d'essayer de contrecarrer toutes les initiatives qui finalement iraient dans le sens d'une diminution des volumes produits ? Et ne risquent-ils pas d'être suivis sur ce sujet par l'ensemble de leurs fournisseurs, ainsi que par la puissance publique, à juste titre attentive à l'emploi ? C'est toute la difficulté de la question, que nous aborderons dans les chapitres 6 et 7.

D'importants gisements d'amélioration de notre efficacité énergétique restent encore à exploiter dans bien d'autres domaines. Prenons l'exemple de l'usage d'appareillages domestiques au domicile d'un particulier en partant de la production d'électricité par une centrale thermique, puis le transport et la distribution de l'électricité[4].

Les premières déperditions d'énergie ont lieu dès la production d'électricité. Selon l'Agence internationale de l'énergie (AIE), en 2005, l'efficacité moyenne des centrales thermiques en fonctionnement dans le monde n'était que de 34 %. C'est-à-dire qu'à partir d'une quantité de gaz, de pétrole ou de charbon pouvant fournir en principe

3. Voir *infra*, « Des bénéfices gommés par l'"effet rebond" ? », p. 50.

4. L'efficacité totale (entre 15 % et 20 %) est la part de l'énergie qui sert vraiment à l'usage voulu après les pertes tout au long de la chaîne depuis la génération de l'énergie (l'électricité dans cet exemple), son transport et son utilisation finale.

100 kWh d'énergie, nous ne parvenions à récupérer que 34 kWh d'électricité.

Suivant la qualité des réseaux de lignes électriques, ce sont ensuite entre 5 % et 25 % de l'électricité produite qui sont perdus en la transportant des centrales jusqu'aux consommateurs. Ces pertes interviennent pour l'essentiel par échauffement des câbles électriques (ce qu'on appelle l'effet Joule) servant à ce transport. Et peut s'y ajouter également, en particulier dans les pays émergents, une perte économique, pas toujours marginale, du fait de branchements pirates sur les réseaux...

Enfin, chez les consommateurs, les installations particulières peinent à avoir un rendement moyen supérieur à 60 % ou 70 % de l'électricité qui leur est fournie.

Ainsi, le bilan de toute la chaîne d'approvisionnement en électricité, de la centrale thermique au consommateur final, montre que ne sont utilisés de façon effective que de 15 % à 20 % du potentiel énergétique des combustibles fossiles consommés. Il nous reste donc des marges de progrès pour parvenir à réduire la teneur en énergie primaire de notre PIB. Elles existent dans des domaines bien connus des entreprises opérant sur ces marchés. Ce qui est plutôt une bonne nouvelle pour notre capacité collective à poursuivre la réduction du contenu énergétique de chacune de nos activités.

Ainsi, les centrales thermiques les plus récentes, qui adoptent les dernières technologies, ont déjà une bien meilleure efficacité. Par exemple, une centrale moderne à cycle combiné de gaz[5] peut atteindre une efficacité de 60 %. Et pour peu que l'on maîtrise la technologie pour récupérer également la chaleur dégagée pour la production de puissance électrique – ce que l'on appelle faire de la « cogénération » –, une centrale thermique peut alors atteindre une efficacité de 75 % à 80 %. Voire, pour quelques installations spécifiques, dépasser 90 %.

Décarboner l'énergie

Après la diminution de l'énergie à consommer, le deuxième levier majeur que l'on peut actionner pour réduire les GES est de faire en sorte que cette énergie émette le moins possible de gaz carbonique. L'équation

5. Une centrale à cycle combiné associe une turbine à gaz qui utilise la force mécanique des gaz issus de la combustion à une turbine à vapeur qui permet en même temps de tirer profit de la chaleur des gaz pour vaporiser de l'eau.

est assez simple à résoudre quand on sait que les trois sources d'énergie qui émettent du gaz carbonique sont les énergies fossiles : gaz, pétrole et charbon.

Émissions de GES en grammes par unité d'énergie produite (kWh)

Gaz	Pétrole	Charbon
440	800	1 100

Les autres sources d'énergie – hydraulique, solaire, éolien, nucléaire – n'émettent pas de GES en fonctionnement. En toute rigueur, pour évaluer l'impact de ces sources, il convient également de prendre en compte les émissions de GES nécessaires pour fournir les installations puis pour les démanteler en fin de vie. Mais le bilan global reste d'une magnitude très inférieure à celle des énergies fossiles[6].

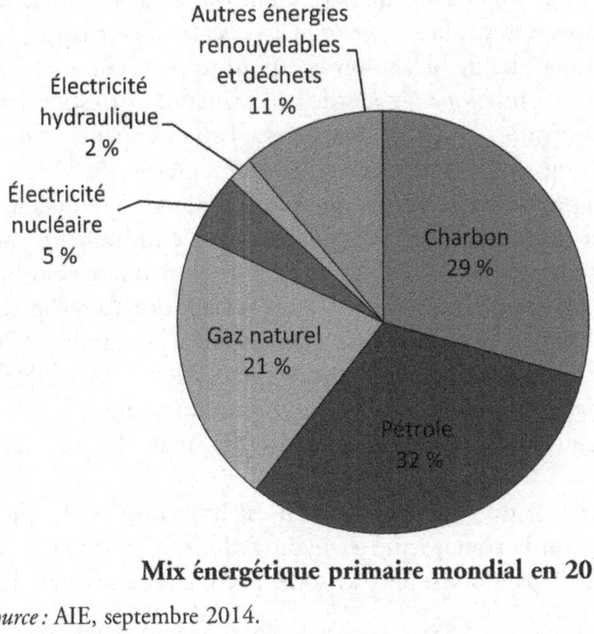

Mix énergétique primaire mondial en 2012

Source : AIE, septembre 2014.

6. Par kWh, si l'on prend en compte la totalité du cycle de vie : éolien, 9 g ; solaire, 32 g ; nucléaire, 66 g.

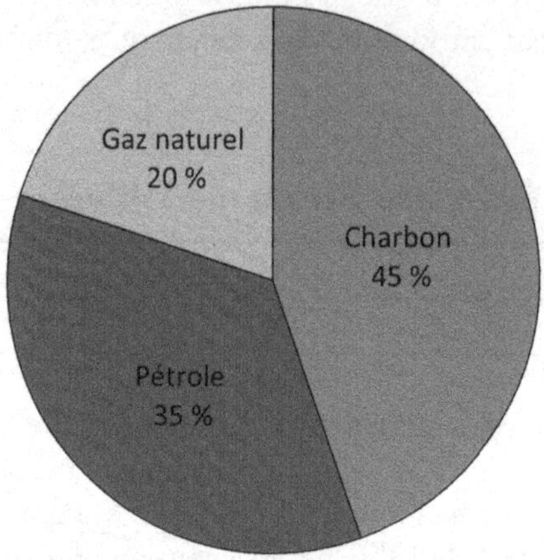

Répartition des émissions de CO_2 énergétique dans le monde en 2012

Source : AIE, mars 2014[7].

L'utilisation de la biomasse comme source d'énergie, en revanche, est considérée comme neutre en matière d'émissions de CO_2 dès lors qu'elles sont compensées par la capture de CO_2 *via* les végétaux que l'on replante à l'identique. La déforestation est, pour sa part, comptabilisée comme une source d'émissions, du fait de la destruction correspondante de capacités d'absorption de CO_2. Mais c'est, heureusement, l'un des domaines où les émissions sont actuellement en régression[8].

L'avantage du pétrole sur le gaz est que son état liquide à température ambiante permet de le transporter facilement tout en offrant un bon rendement énergétique. Ce qui en fait une énergie particulièrement bien adaptée pour les transports. En réduire l'usage revient donc à rechercher des solutions techniques permettant de « décarboner » la mobilité. C'est tout l'enjeu des biocarburants de seconde génération, des véhicules hybrides, voire électriques. Sans oublier les importants gains d'efficacité restant à accomplir pour les véhicules à moteur thermique. En particulier les poids lourds.

L'énorme avantage du charbon est qu'il est beaucoup plus équitablement distribué sur la planète que les hydrocarbures. Ce qui permet à un grand nombre de pays d'assurer leur indépendance énergétique. Et à

7. « Chiffres clés du climat France et Monde », édition 2015, ministère de l'Écologie, du Développement durable et de l'Énergie.

8. Source : www.manicore.com, 2014.

d'autres d'importer une ressource énergétique peu chère, moins dommageable pour leur balance commerciale que l'importation de pétrole ou de gaz. Et cela avant même l'effet d'aubaine que représente pour les importateurs de charbon la baisse actuelle de son prix provoquée par la pression concurrentielle d'un gaz de schiste américain abondant. Ce qui fait que le charbon – dont 68 % de la production dans le monde sert à la production d'électricité – est malheureusement en passe de redevenir la première source d'énergie mondiale[9], au détriment bien sûr des réductions majeures d'émissions de GES qu'il nous faut absolument réaliser rapidement.

Alors que l'usage du pétrole tend de plus en plus à se concentrer sur le transport, l'électricité représente aujourd'hui 18 % de la consommation d'énergie totale dans le monde[10]. Quelle qu'en soit la source, elle joue un rôle crucial comme « vecteur énergétique » dans un vaste nombre de domaines. « Vecteur », parce que l'électricité n'est pas une source d'énergie primaire : il faut bien la produire. Mais une fois produite, et ses réseaux de distribution implantés, l'électricité ne génère plus de GES, ce qui en fait une source secondaire « propre », intéressante pour notre sujet. En matière d'émissions, dans le cas de l'électricité, la question est : comment est produite l'électricité qui est à ma disposition et combien cette production génère-t-elle d'émissions de gaz carbonique ?

En France, championne du monde sur ce sujet, seulement 4 % de l'électricité produite provient d'énergie fossile émettrice de GES. Et – débat clé – 80 % de notre électricité provient du nucléaire, qui a certes l'avantage de ne pas émettre de CO_2, mais pose d'autres problèmes majeurs comme l'ampleur des dégâts en cas d'accident, et la durée de vie de plusieurs dizaines de milliers d'années des déchets nucléaires. Ce qui nous conduit à devoir arbitrer entre la priorité de réduire au plus vite les émissions de CO_2 et celle de nous affranchir du risque nucléaire.

L'Allemagne, face à un tel choix, a entrepris, au début des années 2000, un énorme effort pour à la fois sortir du nucléaire et développer les énergies renouvelables. Mais, dans les faits, la montée en puissance très significative des sources d'énergie éolienne et solaire n'a fait que compenser la baisse de la production d'origine nucléaire, sans

9. « Le charbon est en passe de devenir la première source d'énergie mondiale d'ici 5 à 10 ans. » Source : AIE, « Medium-Term Coal Market Report », 2012.

10. AIE, « Key World Energy Statistics 2014 », chiffres de consommation 2012.

réellement « mordre » sur la part des énergies fossiles dans le mix énergétique allemand ni réduire les émissions de CO_2 du pays.

Les combustibles fossiles (gaz, pétrole et surtout charbon) contribuent donc encore en moyenne aux deux tiers de la production d'électricité dans le monde. Il y a là une marge importante de progrès pour les entreprises, que ce soit pour proposer des solutions permettant de produire à coût acceptable de l'électricité sans CO_2, ou pour promouvoir l'usage d'une électricité décarbonée. Cela signifie aussi que les choix de localisation des industries « électro-intensives », fortement consommatrices d'électricité pour leur production, comme la sidérurgie, l'industrie chimique, l'industrie du papier-carton, mais aussi les gestionnaires de serveurs de données [11] et bien d'autres, peuvent avoir un impact majeur sur les émissions de GES, selon que les sites retenus sont situés dans des zones où l'électricité est décarbonée, ou encore produite à partir de charbon.

Des entreprises prennent des risques

Les marges de manœuvre et les idées pour réduire la consommation d'énergie et les émissions de GES dues à l'énergie utilisée sont donc légion.

Le monde économique change. Nous avons déjà parlé des leds qui remplacent les ampoules à incandescence. Toutes sortes d'entreprises inventent de nouveaux modèles, innovent, ouvrent de nouvelles voies. Ainsi Toyota, déjà premier fabricant de voitures hybrides [12], a lancé fin 2014 son premier modèle commercial de voiture à hydrogène. Hyundai, BMW, Mercedes, tous les grands constructeurs s'y mettent [13]. Et malgré les gains déjà effectués, IFP Énergie nouvelle estime que nous pourrions encore diminuer de 40 % la consommation des moteurs thermiques de véhicules.

Innover, se lancer dans des activités inédites est (ou devrait être) au cœur de l'ADN des entrepreneurs. Certains, en le faisant, rencontrent des succès majeurs. D'autres se débattent contre les difficultés. Quelques-uns vont dans le mur. Car l'échec fait toujours partie des possibles. Ainsi, dans le secteur de l'énergie, bon nombre d'entreprises qui se sont jetées à corps perdu dans la fabrication d'équipements de production d'énergies

11. En 2014 les serveurs de données représentaient 4 % des émissions mondiales de GES, plus que les 3 % du transport aérien.

12. Le premier modèle Prius à double motorisation électrique et thermique a été proposé dès 1997.

13. Florence Bauchard et Denis Fainsilber, « Toyota fait le pari de l'hydrogène... », *Les Échos*, 12 février 2015.

renouvelables, en particulier le solaire et l'éolien, ont dû mettre la clé sous la porte. D'autres ont investi dans des centrales thermiques brûlant du gaz naturel, qu'il leur a fallu stopper du fait du grand retour d'un charbon moins cher, bien que nettement plus polluant. Et une entreprise israélienne innovante, Better Place, qui proposait un système d'échange rapide de batteries pour véhicules électriques, s'est vue contrainte de déposer le bilan en mai 2013 parce que le marché ne décollait pas suffisamment vite pour lui permettre d'atteindre le volume de vente nécessaire à son équilibre économique.

Pour d'autres, l'investissement dans la recherche et développement (R&D) peut sembler (encore ?) à fonds perdu. Faisant le pari du véhicule tout électrique, Renault a ainsi dépensé plus d'un milliard d'euros sans atteindre pour autant ses objectifs commerciaux. Des montants colossaux ont été investis par les entreprises dans des programmes de recherche sur la pile à hydrogène et sur les différentes formes de génération d'énergie sans CO_2. Ou dans des projets pilotes de séquestration du CO_2 dans le sous-sol. Sans véritable résultat commercialisable à ce stade.

Que ce soit de leur propre initiative, ou parce qu'elles y sont incitées financièrement ou réglementairement par les pouvoirs publics, il existe donc des entreprises qui prennent des risques financiers et industriels (parfois des risques majeurs) et dont l'activité, *in fine*, se révèle contribuer positivement à la transition écologique de nos sociétés. Si les entreprises sont encore les promotrices de modèles polluants ou consuméristes, elles peuvent tout autant développer des solutions innovantes qui répondent aux besoins des consommateurs, avec des impacts sur l'environnement bien moindres. Elles sont des acteurs indispensables du panel de solutions à mobiliser.

Le compte n'y est pas

Et pourtant il nous faut constater, malheureusement, qu'à l'échelle de notre planète, nous ne parvenons pas à transformer l'essai.

Ainsi, alors qu'entre 1980 et 2000 il suffisait d'accroître chaque année de 2 points notre consommation d'énergie pour réussir à augmenter de 3 points le PIB, la situation s'est détériorée. En ce début de siècle, notre consommation d'énergie croît maintenant aussi vite en rythme annuel que le PIB mondial. Chaque point de PIB supplémentaire entraîne une augmentation équivalente de l'énergie consommée. De ce fait, le contenu en énergie du PIB de notre planète reste donc absolument stable.

Variation comparée du PIB et de l'énergie

Variation/année	1980-2000	2000-2010
PIB	+ 3 %	+2,5 %
Énergie	+ 2 %	+2,5 %

Source : Gail Tverberg, « How Economic Growth Fails », www.ourfiniteworlds.com (PIB : données USDA Economic Research Institute ; énergie : données BP Statistical Data).

L'exploitation par les entreprises de l'ensemble des gisements d'efficacité énergétique susceptibles de l'être n'aurait-elle donc aucun impact ? Aurions-nous baissé la garde et cessé d'inciter les entreprises à les exploiter ?

L'exemple de compagnies d'électricité dans certains pays d'Europe, qui, dopées au charbon pas cher, ont fermé leurs centrales à gaz pour maximiser la production de leurs centrales au charbon plus polluantes [14] – dans le respect de la réglementation européenne en vigueur –, nous a fait toucher du doigt combien les entreprises peuvent aussi – en toute bonne conscience, et en toute légalité – être partie prenante de modèles économiques incompatibles avec les nécessités de la transition écologique.

Le boom des technologies virtuelles et d'Internet et la baisse de l'industrie lourde dans les pays développés au profit des services nous auraient-ils laissé croire que nous avions réussi à réduire de façon importante le contenu en énergie du PIB planétaire ? Aurions-nous évacué de notre réflexion le fait que la délocalisation des industries des pays « développés » vers les pays « émergents » pouvait avoir des conséquences environnementales négatives, en termes d'efficacité énergétique ou d'émissions de GES ?

Aurions-nous cru (ou fait semblant de croire) que l'émergence de nouvelles puissances économiques puisse se faire sans changement des habitudes de consommation de leurs populations ? Ou encore que le développement de nouveaux produits et de nouvelles technologies, l'extension exponentielle de nos réseaux interconnectés et des stockages de données associés pourraient s'effectuer sans créer une forte demande supplémentaire en énergie ?

Une chose est sûre : l'effort déjà fourni en matière d'efficacité énergétique n'est pas encore à la hauteur des enjeux. Il convient donc

14. Voir chapitre 1, p. 18-19.

d'encourager les entreprises à investir d'autres domaines d'activité qui puissent également contribuer à l'effort collectif de transition écologique. Parmi eux : la substitution de composants moins polluants à des matériaux présentant un danger environnemental, obtenus avec moins d'émissions de GES et autant que possible selon des processus renouvelables. Nous avons déjà pu observer de tels changements à grande échelle, que ce soit avec les décisions d'interdiction d'usage de l'amiante ou des gaz CFC, identifiés à la fin des années 1980 comme participant au trou de la couche d'ozone.

Certains acteurs économiques n'ont pas attendu pour développer de nouveaux savoir-faire, par exemple en matière de production d'énergies renouvelables, ou de nouveaux usages de la biomasse, pour développer des biocarburants, ou pour alimenter en biocomposants des processus de transformation chimique. Mais ces efforts de substitution restent à encadrer (pour qu'ils ne se fassent pas, par exemple, en ce qui concerne les biocarburants, au détriment des cultures vivrières) et à systématiser. Ne serait-ce que pour commencer à faire reculer la part trop importante que conservent, dans le mix énergétique planétaire, les combustibles fossiles : le charbon, le pétrole et le gaz.

Une vitesse de diffusion limitée par l'« effet parc »

Le coût de telles améliorations techniques peut être très significatif. Et pour le financer, nombre d'opérateurs n'ont d'autre choix que de le répercuter directement sur leurs clients. Ce qui revient à provoquer une perte de pouvoir d'achat de consommateurs captifs, dont une partie abordent déjà leur quotidien en mode « survie ». Le fait est là : même si les entreprises fournissant des infrastructures aux acteurs du secteur de l'énergie peuvent théoriquement leur proposer des solutions techniquement bien plus performantes que celles qui sont mises en œuvre dans les centrales électriques existantes, pour des raisons de coût, la performance moyenne du parc de centrales existant restera longtemps très en dessous de celui offert par ces nouvelles propositions, sauf à imposer le remplacement des vieilles centrales par de nouvelles, et la prise en charge des coûts par les consommateurs.

De même, lorsqu'il s'agit d'améliorer l'efficacité énergétique d'équipements ménagers, cet « effet parc » est à prendre en compte. Car laisser aux seules forces du marché le soin de diffuser à grande échelle une nouvelle technologie plus économe en énergie permet très rarement d'obtenir bien vite un résultat significatif, tant l'économie faite par le consommateur reste en général faible par rapport au coût du remplacement de l'ancien équipement par un neuf, moins gourmand en énergie. C'est parce que l'on a interdit les vieilles ampoules à incandescence que l'on a pu franchir un seuil en matière d'efficacité de l'éclairage domestique. De plus, en matière d'équipements lourds, il faut aussi prendre en compte la dépense en énergie et en matières premières nécessaire pour renouveler les parcs existants au gré des améliorations technologiques. Nous voyons que nous commençons à entrer dans des équations difficiles.

Confrontée à l'effet parc suscité par un usage de masse, la créativité technologique des entreprises industrielles en vue d'une plus grande efficacité énergétique risque donc de ne pas suffire.

Des bénéfices gommés par l'« effet rebond »

L'automobile, dont nous avons déjà parlé, est un bon exemple pour illustrer le mécanisme et l'impact de ce que l'on convient d'appeler l'« effet rebond ». Le développement technologique et les efforts considérables entrepris pour développer des moteurs consommant moins ont largement porté leurs fruits depuis quarante ans. Mais, dans le même temps, les voitures sont devenues de plus en plus lourdes et de plus en plus puissantes. Nous avons ajouté bon nombre d'accessoires consommateurs d'énergie supplémentaire, comme la climatisation. La baisse de consommation des moteurs a pu, dans une certaine mesure, inciter à faire plus de kilomètres. Et la baisse relative du prix des automobiles a permis de largement augmenter le taux d'équipement de la population. Ce qui fait qu'au final la consommation d'énergie liée à l'automobile a augmenté sur ces quarante années, y compris dans les pays de l'OCDE, malgré les très beaux résultats obtenus en matière d'efficacité des moteurs.

De même, les professionnels du bâtiment savent bien que les travaux de rénovation importants faits pour l'isolation thermique ne conduisent bien souvent qu'à une réduction de la facture de chauffage marginale, les occupants profitant de cette nouvelle isolation pour bénéficier de quelques degrés de plus. L'économie réalisée conduit alors à un rebond de la consommation...

Un réfrigérateur des années 2000 ne consomme plus qu'une toute petite partie de ce que consommait un réfrigérateur des années 1960. Mais il est maintenant beaucoup plus grand. Et nous y avons ajouté aussi un congélateur. Puis nous avons équipé la cuisine d'un micro-ondes, et de plaques vitro-céramiques puis à induction. Et multiplié toutes sortes d'appareils électriques ou électroniques, dans les différentes pièces de chaque logement. Là encore, la consommation globale est en large augmentation, malgré l'efficacité accrue de chaque équipement.

Des interactions entre entreprises et modes de vie

Les entreprises ont un impact direct sur les émissions de GES du fait de leur production ou de l'utilisation de leurs produits. Mais la question est souvent plus complexe : les possibilités offertes par les entreprises entrent en résonance avec une société qui peut développer des modes de vie qui rendent les populations dépendantes d'usages fortement contributeurs en GES[15].

Ainsi, par exemple, depuis les mutations énergétiques des XIXe et XXe siècles, les transports sont de plus en plus efficaces, de moins en moins coûteux, arrachant les personnes aux entraves de la géographie et leur promettant une existence moins liée aux limites d'un seul espace. Au cours des cinquante dernières années, les Français se sont massivement affranchis des contraintes héritées du passé : en 1950, trois Français sur quatre vivaient et travaillaient là où ils étaient nés ; un sur deux n'avait jamais quitté son village au-delà de cinquante kilomètres à la ronde.

Nous avons fait un pacte faustien avec la voiture. Cela a permis une libération incroyable : l'accès aux biens, y compris culturels, le choix d'un travail parfois éloigné du lieu d'habitation. Mais cette libération a un coût, celui de la dépendance qui s'installe avec le temps. Devenus pour la plupart trop chers à maintenir – et parfois moins attrayants –, les services de proximité disparaissent des villages aux populations vieillissantes : épicier, boucher, boulanger, école, bureau de poste, etc. bus réguliers. Des personnes qui, alors, n'avaient pas besoin de se déplacer en dehors de leur village pour leur vie de tous les jours, sont maintenant obligées d'avoir un véhicule pour continuer d'y habiter. Leur mobilité subie a augmenté, bien qu'il y ait eu amélioration des technologies. Ou plutôt : parce qu'il y a eu amélioration des technologies.

Mais aujourd'hui, le coût du transport individuel et les limites de l'offre de transport collectif ont rendu certains de ces habitants insolvables ; ou les ont contraints de composer avec la rareté de transports

15. En France, en 2013, le secteur du bâtiment et du logement représente 40 % de la consommation finale d'énergie et 25 % des émissions de GES ; le secteur du transport, 32 % de la consommation finale d'énergie.

publics pour exercer leur emploi ou bénéficier de services. En France, en 2006, dans les grandes agglomérations, qui, pourtant, sont les collectivités les mieux équipées en transport collectif, près de 20 % des ménages étaient en situation de vulnérabilité vis-à-vis du prix du carburant. Un doublement du prix du carburant amènerait cette proportion à 50 %, alors même qu'une telle augmentation des prix pourrait bien être nécessaire pour prendre en compte la nécessité de compenser économiquement nos impacts négatifs sur l'écosystème.

Ce n'est donc pas la seule multiplication des transports publics qui permettra de résoudre le problème de mobilité rencontré par les habitants de tel ou tel village du Cantal. Et, de plus, « davantage de capacités de transport » – même au service de davantage de justice sociale – ne serait pas nécessairement compatible avec l'ensemble des autres objectifs de la transition écologique. Pour notre village du Cantal, l'enjeu n'est-il pas alors d'y installer une antenne de services publics ?

Prendre en compte des critères liés à la transition écologique conduit inévitablement à devoir travailler sur les espaces de vie et sur les évolutions technologiques tout autant que sur les comportements individuels et collectifs. Et, partant, à se demander comment rendre durable la mobilité des personnes, c'est-à-dire comment privilégier pour elles la mobilité choisie ou utile tout en limitant au strict minimum la mobilité subie qui leur est imposée.

Les entreprises sont partie prenante d'une telle problématique à bien des titres : parce qu'elles inventent et développent les moyens de la mobilité ; parce qu'elles peuvent inventer des moyens de diminuer la mobilité subie (équipements de communication à distance, achats et services en ligne, etc.) ; parce qu'aussi, par leur nature même, elles provoquent la mobilité de biens et de personnes. Elles participent ainsi à l'essor des différents besoins et modes de transport d'un territoire donné. En connaître les impacts et contribuer à en minimiser les conséquences relève donc de leur responsabilité, comme de celle de tout citoyen concerné. Enfin parce que ce sont également pour partie des entreprises qui peuvent venir en appui de politiques publiques pour développer des services à domicile ou à proximité aux personnes, même s'il y a là aussi bien sûr à affirmer le rôle des services publics.

Nous voyons donc que si les entreprises du secteur du transport sont concernées en tout premier lieu, elles ne sont pas les seules. La question de la mobilité concerne finalement la plupart des entreprises, que ce soit au travers de leurs produits ou services ou de ce qu'elles suscitent dans les modes de vie de leurs collaborateurs. Toutes peuvent en effet travailler à optimiser, en interne, l'utilisation de la mobilité et chercher le bon moyen adapté à chaque situation.

Des enjeux au sein de l'entreprise

Les entreprises dont les produits ou services sont fortement générateurs de GES, ou au contraire permettent de les réduire de façon sensible, tout comme les entreprises dont la production nécessite beaucoup d'énergie, sont de toute évidence confrontées directement aux enjeux climatiques. Est-ce pour autant que les dirigeants des entreprises des autres secteurs n'ont pas à se sentir concernés par ces questions d'économie d'énergie et à se demander en quoi les activités qu'ils développent peuvent impacter le changement climatique ?

Et pourtant, pratiquement tout type d'entreprise peut porter un regard sur ses propres façons de faire et entreprendre d'améliorer son « bilan carbone ». Au-delà de l'impact effectif en termes de GES économisés, il est ici question d'une forme de regard et de cohérence. Reprenons l'exemple de la mobilité, mais cette fois uniquement vécue au sein de l'entreprise.

Voyage ou visioconférence ?

Les progrès des techniques de partage d'informations comme par exemple la visioconférence en haute définition permettent de travailler et d'interagir sans se déplacer et donc de limiter le transport, aérien en particulier. Quelle est la politique des entreprises à ce sujet ?

Dans une entreprise A, des moyens considérables ont été mis en œuvre pour que la visioconférence haute définition soit présente dans tous les sites. Des notes d'information de la direction ont expliqué les raisons de ces investissements, mettant en avant la minimisation des voyages, à des fins d'économie et de gain de temps. La direction de l'entreprise a même montré l'exemple au lancement de cette campagne. Des équipes techniques ont été créées dans les différents sites pour assurer vingt-quatre heures sur vingt-quatre et dans toutes les langues le bon fonctionnement de cette nouvelle technologie.

Si les deux premières années ont montré des gains significatifs en termes de déplacement, ces derniers ont cependant peu à peu diminué. Quelles en sont les principales raisons ? Bien sûr la présence physique est souvent indispensable, et le contact humain nécessaire. Croire que nous allons tout régler par écrans interposés est largement illusoire. Les choix faits en matière d'organisation géographique de l'entreprise jouent un rôle : les modes de partage des responsabilités et le niveau d'autonomie laissé en local induisent ou non des besoins récurrents de rencontres. Ainsi, plus les décisions peuvent être prises au niveau local, ou régional, moins il devient nécessaire de voyager pour aller plaider physiquement sa cause auprès d'un siège mondial centralisé.

Nous ne pouvons pas non plus exclure, dans ce constat, la perte de statut social que cette immobilité forcée implique pour le salarié : le fait de ne plus voyager, de rester toujours au bureau, peut être ressenti comme un emprisonnement, être synonyme de monotonie, ou le signe d'un manque de considération. Les travaux des sociologues Luc Boltanski et Ève Chiapello [16] montrent comment nos sociétés contemporaines sont marquées par la multiplication des réseaux horizontaux, qui transforment nos manières de travailler et de vivre. Dans ces sociétés connexionnistes, les gagnants sont les personnes mobiles et connectées. D'où le sentiment d'occasion manquée, voire de dévalorisation que peut éprouver celui qui bouge moins que d'autres. Ce qui conduit à s'interroger sur les moyens de résister à cette injonction de mobilité, créatrice de fortes inégalités et insoutenable à l'échelle planétaire. À ce titre, il semble nécessaire de valoriser et de promouvoir une autre échelle de valeurs qui ait des conséquences pratiques, en mettant par exemple l'accent sur la quête de sens et de nouveauté dans son environnement quotidien, sur la mobilité intérieure [17] par rapport à la mobilité physique [18].

Il existe de nombreuses raisons pour lesquelles l'usage de la visioconférence peine à décoller dans des entreprises, y compris d'ailleurs parfois la médiocre qualité des connexions internet. Il n'est cependant pas sûr que celle du statut et de la représentation de soi-même soit la dernière. Quoi qu'il en soit, il y a là un réel levier pour l'entreprise désireuse de diminuer son impact carbone.

---

16. Luc Boltanski et Ève Chiapello, *Le Nouvel Esprit du capitalisme*, Paris, Gallimard, 1999.

17. Voir Cécile Renouard, « Vie en entreprise et vie spirituelle », *Études*, juin 2011, p. 751-762.

18. Ces aspects seront évoqués dans les chapitres 4 et 7.

Avion ou train ?

Le train, en particulier lorsque la ligne est électrifiée, est un mode de transport beaucoup plus favorable à l'environnement que l'avion. De plus, sur des distances moyennes, il est globalement tout aussi rapide et permet à l'employé de se relaxer ou de travailler dans de meilleures conditions que l'avion, qui offre un voyage plus fractionné. C'est pourquoi un certain nombre d'entreprises favorisent le train par rapport à l'avion. C'est le cas dans l'entreprise B, qui a des bureaux à la fois à Paris et dans une ville de province à trois heures de train de la capitale. Cependant, on remarque que les salariés plus haut placés dans la hiérarchie ont tendance à prendre l'avion. Nous retrouvons donc l'importance accordée aux signes extérieurs d'un statut social élevé.

Une des manières pour l'entreprise d'y couper court pourrait être dans ce cas d'imposer le train comme mode obligatoire de transport, et de ne proposer par dérogation l'avion qu'en cas de raison objective (connexion plus directe à un aéroport, contrainte horaire spécifique, etc.).

Voiture de fonction ou non ?

Il est intéressant de s'arrêter également sur la question des voitures de fonction. Un tel « avantage en nature » est à la fois financièrement intéressant pour l'entreprise (qui ne paye pas de charges dessus) et pour le salarié (qui paye moins d'impôts que s'il recevait le montant lui permettant de s'acheter la voiture avec tous les services qui vont avec). Il joue également un rôle de marqueur de statut, valorisant pour ses bénéficiaires au sein de l'entreprise. Mais il peut aussi étendre la possession d'un bien à fort impact GES à des salariés qui, sans cela, n'en auraient eu ni le besoin ni même le désir (par exemple, certains Parisiens sans enfant). L'entreprise doit-elle supprimer le principe des voitures de fonction ? Peut-elle être suffisamment créative pour proposer des solutions alternatives désirables ? Proposer par exemple pour ceux qui n'auraient pas d'intérêt réel pour la voiture (pour continuer sur l'exemple des Parisiens) des formules combinant une carte de transport en région Île-de-France, un abonnement train pour la France entière et la prise en charge d'un certain nombre de locations de voiture pour les usages impératifs ? Et si elle choisit de garder une offre de voiture de fonction, l'entreprise ne peut-elle pas systématiquement proposer des voitures hybrides ? Ou mettre à disposition des salariés un parc de véhicules électriques et hybrides à utiliser en fonction des besoins ?

Location de véhicules et émissions de GES ?

La location de voiture pour les besoins de déplacement professionnel est aussi un sujet d'intérêt. La plupart des entreprises importantes ont donc des contrats-cadres nationaux voire mondiaux avec de grands loueurs de voitures. Elles contribuent ainsi de façon significative au chiffre d'affaires de ces entreprises de location. Ce qui leur confère un bras de levier, qu'elles devraient en principe pouvoir actionner pour faire évoluer, par leurs pratiques, le marché des voitures de location vers un mieux-être environnemental : choix de voitures électriques, hybrides, proposition de biocarburants, de voitures consommant moins, etc.

Tout cela pourrait donc être inclus dans le contrat commercial liant les entreprises et les loueurs. Cela commence à se faire, mais de façon encore très timide. Et la plupart de ces contrats-cadres traitent en priorité des questions de coût et de disponibilité des voitures, plutôt que d'impact environnemental.

Inciter à utiliser les transports en commun ?

Si une entreprise se propose de financer l'utilisation des transports en commun pour tous ses employés, est-ce donc pour autant que chaque employé renoncera à utiliser sa voiture ? Est-ce que cela n'implique pas que les collaborateurs prennent eux aussi leur part de responsabilité ? Comment les intégrer à l'élaboration d'un plan de déplacements entreprise (PDE) [19] ?

Et l'entreprise peut-elle, doit-elle prendre des mesures coercitives ? Jusqu'où peut-elle aller pour imposer à tous une règle commune ? Peut-il y avoir une éthique de l'entreprise si elle ne rencontre pas l'éthique personnelle de ses employés, leur adhésion au même système de valeurs ? D'où l'importance d'un va-et-vient entre les mesures stratégiques définies par l'entreprise et les méthodes de management favorisant une implication des salariés en vue d'une transformation des comportements individuels et collectifs.

L'Agence de l'environnement et de la maîtrise de l'énergie (Ademe) a dénombré en 2009 plus de cent PDE en Île-de-France alors qu'ils n'étaient qu'une vingtaine en 2005. Les PDE mis en œuvre avec succès

19. Ces plans, encadrés par la loi depuis 2000, sont mis en place par un employeur pour inciter ses collaborateurs, ses clients et ses fournisseurs à réduire l'usage de la voiture individuelle au profit d'autres modes de transport moins polluants. Ils concernent à la fois les entreprises, les administrations, les zones d'activité et les établissements scolaires.

dans différentes villes européennes, par des pouvoirs publics ou des entreprises privées, incitent les salariés à changer leurs comportements à la fois en leur attribuant des primes écologiques en fonction du mode de transport emprunté, et en prenant en compte leurs besoins recensés par le biais de méthodes participatives. Par exemple, « Le PDE de l'hôpital Rijnstate aux Pays-Bas a permis de maintenir un taux élevé d'utilisation du vélo malgré un contexte défavorable : localisation de l'hôpital au sommet d'une colline, horaires de travail décalés[20] ». L'hôpital invite les usagers à utiliser le vélo, les transports en commun ou le covoiturage – en s'engageant à fournir un taxi si nécessaire, en particulier pour les horaires de nuit. Il fournit également un service d'entretien de vélo. Toutes ces mesures ont permis une bonne acceptation de l'instauration du stationnement payant pour les employés[21].

Encourager le covoiturage ?

Le transport par bus pour les ouvriers travaillant en équipe – et donc aux mêmes horaires – était bien enraciné en France. Les solutions de transport individuel l'ont largement remplacé, pour de multiples raisons, qu'il s'agisse pour les entreprises de se désengager de la gestion de leurs sous-traitants, ou pour leurs employés de gagner en temps en utilisant leur propre véhicule, plus adapté aux situations d'individualisation d'horaires variables qui se sont multipliées.

Certaines entreprises situées dans une zone d'activité avec des moyens d'accès limités ont choisi de proposer sur leurs sites intranet des systèmes de mise en relation pour le covoiturage qui rencontrent un certain succès. Par rapport aux sites externes qui se développent actuellement, c'est la garantie de voyager avec quelqu'un que l'on connaît, ce qui peut aussi être rassurant pour certaines personnes.

Tel n'est pas le cas de l'entreprise C, qui dispose d'un bureau à l'étranger où travaillent un certain nombre de cadres expatriés. La plupart d'entre eux habitent en ville, dans le même groupe d'immeubles. La direction de l'entreprise leur a suggéré de s'organiser pour du covoiturage, une solution à la fois économique pour l'entreprise, et salutaire pour l'environnement. Mais le taux de réponse positive à cette invitation

---

20. Institut d'aménagement et d'urbanisme d'Île-de-France, « Des exemples de Plans de déplacements d'entreprises (PDE) à travers l'Europe », mars 2011, p. 14.

21. *Ibid.*

n'a été que de l'ordre de 15 %, chacun trouvant de bonnes raisons pour continuer à utiliser sa voiture personnelle.

L'entreprise aurait-elle dû être plus ferme et imposer le covoiturage plutôt que de tenter d'y inciter, au risque effectivement de limiter la liberté de mouvement et d'horaires de ses cadres ? Y avait-il un chemin possible pour que l'entreprise C puisse faire passer son idée de covoiturage de façon acceptable auprès de ses cadres ? Comment rendre une telle proposition désirable quand la libre disposition de la voiture de fonction est perçue comme un élément de qualité de vie important par les bénéficiaires ?

Horaires décalés ou télétravail ?

L'évolution des noubelles technologies de l'information et de la communication (NTIC : partage de fichiers, visioconférence...) a facilité le télétravail. Ce dernier est même promu par certaines entreprises car il est source d'économies : possibilité de partager des bureaux, de réduire des coûts fixes, etc. Sa mise en œuvre peut être adaptée aux besoins : permanent ; pour quelques jours par semaine ; pour quelques heures, seulement, de façon à faciliter l'accès à des transports publics moins chargés ; ou encore de façon ponctuelle, par exemple en cas de pic de pollution. Le télétravail pose en même temps toute une série de questions : de son impact sur la qualité des relations au travail, aux effets contre-productifs potentiels sur les émissions de GES en permettant à des personnes d'accepter un travail parfois à plusieurs centaines de kilomètre de leur domicile, rendu acceptable par la possibilité de ne venir « que » une à deux fois dans la semaine. L'idée n'est donc pas ici de proposer de le systématiser, mais bien d'en peser les avantages et les inconvénients dans toute stratégie d'entreprise visant à réduire ses émissions de GES.

Choix d'implantation

Le choix d'implanter ou de déménager une usine ou un siège social dans tel ou tel endroit a aussi des impacts immédiats sur la mobilité demandée aux salariés et sur le bilan carbone de l'entreprise (venant s'ajouter bien entendu aux temps et contraintes de transport imposés aux salariés). Est-ce qu'au moment d'un tel choix, l'analyse comparative des émissions de GES associées aux différentes implantations possibles est réellement effectuée et son résultat retenu parmi les critères de décision ? C'est loin d'être sûr...

Nous n'avons fait ici qu'évoquer quelques exemples, parmi de nombreux autres leviers à la disposition de chaque entreprise. Il aurait été tout aussi pertinent de mentionner les questions relatives à l'éclairage, à l'isolement thermique des bâtiments, aux choix effectués pour le chauffage et la climatisation, à la capacité éventuelle de produire sa propre énergie renouvelable, aux enjeux de la gestion des déchets, etc. Plus que pour leur valeur intrinsèque, nous avons choisi ces exemples pour illustrer la richesse de ce que peut donner un regard complet et cohérent sur l'ensemble des activités de l'entreprise. Car un tel regard systématique est, à nos yeux, indispensable pour à la fois faire réellement progresser la conscience de l'ensemble des acteurs d'une entreprise, et s'assurer que toutes leurs actions vont dans le même sens. C'est également se donner les moyens de faire échec autant que possible au risque d'effet rebond. Et c'est également fournir un gage du sérieux de toute entreprise qui par ailleurs annoncerait vouloir travailler de façon durable et approfondie à la réduction des émissions de l'impact environnemental de ses produits : en quoi serait-elle crédible, si par ailleurs elle ne fait pas attention à ses propres pratiques, quand bien même leur impact ne serait qu'une petite fraction de l'impact des produits ?

Des enjeux dans la chaîne d'approvisionnement

Le plus souvent, l'entreprise est, ou souhaite être, prescriptrice de sa chaîne d'approvisionnement. Elle étend alors son système qualité vers ses fournisseurs, appliquant ou exigeant le respect de normes qui lui sont propres. La problématique des produits « bio » ou « équitables » et de leur traçabilité en est l'exemple le plus répandu.

Ces pratiques conduisent de plus en plus l'entreprise à prendre conscience de ses responsabilités sociétales, et à étendre son éthique à ses fournisseurs, notamment sur deux points : celui des ressources humaines et celui des conditions de travail. Cette exigence, l'entreprise peut la traduire très concrètement dans un cahier des charges, lors d'appels d'offres par exemple, ou dans ses rapports contractuels avec d'autres acteurs économiques. Et cela tend également à être systématisé *via* des normes internationales, émanant plus ou moins directement d'organismes internationaux tels que les Nations unies, l'Organisation internationale du travail (OIT), l'Organisation mondiale du commerce (OMC), l'Organisation de coopération et de développement économiques (OCDE) ou l'Union européenne ; et souvent sous l'impulsion d'ONG ayant joué un rôle significatif dans l'alerte et le plaidoyer en ce domaine.

De telles initiatives se développent en raison, notamment, de la prise de conscience de nos responsabilités collectives vis-à-vis des chaînes d'approvisionnement et de l'hypocrisie d'un discours sur le développement durable et la responsabilité sociétale des entreprises (RSE) sans réflexion éthique sur les stratégies de réduction des coûts des fournisseurs et sous-traitants. Le drame du Rana Plaza au Bangladesh, en avril 2013, qui a provoqué la mort de 1 200 personnes dans l'effondrement d'immeubles fabriquant les vêtements que nous, consommateurs du Nord, achetons dans les magasins de grandes chaînes de distribution (Auchan, H&M, Mango, Gap, Benetton, etc.), a contribué à alerter les sociétés des pays du Nord sur les normes et réglementations à promouvoir pour élever les standards sociaux et environnementaux à chacune des étapes de chaque chaîne d'approvisionnement. À cet égard, la proposition de loi française sur le devoir de vigilance des maisons mères vis-à-vis de leurs filiales et principaux sous-traitants à l'international, adoptée en première lecture à l'Assemblée nationale en mars 2015, est un premier pas dont on peut espérer qu'il soit suivi au niveau européen.

Certes la route est pavée d'embûches en raison de la course au rendement qui prévaut encore, et de la compétition acharnée à laquelle se livrent nombre d'entreprises du Sud souvent moins-disantes en matière sociale et écologique. Néanmoins, dans le domaine spécifique de la logistique et des transports nécessaires à la mise en œuvre d'une chaîne d'approvisionnement, qu'est-ce qui empêcherait une entreprise – et ses équipes – de tenir compte de critères de mobilité durable dans les décisions quotidiennes à prendre sur l'organisation des approvisionnements ? Ne peut-elle devenir là aussi prescriptrice vis-à-vis de ses fournisseurs ?

Certes cela suppose également d'être prêt à remettre en cause, si nécessaire, certaines décisions financières qui, en privilégiant la baisse des capitaux immobilisés par l'entreprise pour en améliorer les ratios de rentabilité, l'ont conduite à réduire ses stocks à un niveau minimal ; ce qui induit assez fréquemment plus de mouvements de transport, aux charges unitaires plus faibles, à une vitesse plus élevée... Mesurer et débattre avec le fournisseur du bilan carbone total d'un achat, en intégrant le mode de transport sur toute la chaîne de production et l'énergie consommée peut donc servir de critère pour négocier coûts et délais en intégrant un objectif de réduction de l'empreinte environnementale de la logistique et du transport nécessaires aux activités d'une entreprise. Ce qui signifie, pour l'entreprise, mieux comptabiliser le coût environnemental et, par exemple, accepter une livraison plus lente mais plus respectueuse de l'environnement.

Demander, dans le cahier des charges d'un appel d'offres, un bilan énergétique complet du service proposé par le fournisseur, voire privilégier l'usage de certaines technologies plutôt que d'autres (ferroviaire/routier, gros porte-conteneurs/plus petits, etc.), c'est aussi, pour l'entreprise, contribuer à la nécessaire mutation d'une logistique.

Des besoins matériels et énergétiques impératifs non encore satisfaits

Produire une énergie propre, la consommer avec parcimonie. Ainsi semblerait pouvoir se résumer le volet énergie de la transition écologique à entreprendre. Mais ce serait alors faire l'impasse sur le sujet de l'accès à l'énergie que toute politique économique au service de l'homme se devrait de prendre en compte. Résoudre ou non la question de l'accès à l'énergie, et à une énergie propre, aura des conséquences importantes sur le processus de réchauffement climatique. Tout d'abord, *via* un effet de masse, puisqu'il s'agit de rendre moins problématique l'accès à l'énergie pour plus de la moitié de l'humanité, non seulement dans les pays émergents mais aussi dans les pays développés. Et, d'autre part, *via* un effet qualitatif, puisque l'absence d'accès à une énergie propre – en général payante – et à des modalités de consommation efficaces, faute d'infrastructures collectives adéquates et de revenus des ménages suffisants, a des conséquences néfastes tant sur le climat – et de façon générale l'écosystème, en cas de déforestation – que sur le développement des territoires et pays concernés. Toute transition visant à être « juste » doit intégrer ces éléments dans ses problématiques.

L'énergie, aujourd'hui, est accessible à tous, ou presque. Mais il s'agit d'une énergie majoritairement « traditionnelle » (biomasse, bois, charbon de bois, pétrole lampant, etc.) dont l'usage provoque des dégâts sanitaires, environnementaux et climatiques susceptibles de pénaliser doublement les pays en cours d'émergence économique. Et jusqu'à présent, les débats sur la transition énergétique mettent le plus souvent en exergue trois autres grandes thématiques :

– l'indépendance nationale et la sécurité d'approvisionnement ;

– les changements climatiques, l'environnement, les gaz à effet de serre ;

– la compétitivité des entreprises et le prix de l'énergie (notamment sur la question des gaz de schiste ou du prix à donner au CO_2).

Il est donc plus que temps de mettre en débat un quatrième aspect : « l'accès à l'énergie » – et plus précisément l'accès des « ménages » à l'éclairage et à des sources de chaleur domestique non polluantes et efficaces d'un point de vue énergétique. Ce dont la moitié de la planète est exclue.

Ces « énergies modernes » restent inaccessibles au plus grand nombre dans les pays en voie de développement... En particulier pour des raisons de coût d'investissement dans les infrastructures nécessaires pour pouvoir en bénéficier. Mais pas seulement. D'autres leviers restent souvent à activer pour permettre ce changement à grande échelle : l'organisation de la société (marquée par la faiblesse des États, l'absence d'opérateurs financiers, ou de politiques fiscales, etc.), l'accès à l'information, la formation des populations à de nouvelles pratiques, la création de « filières métiers », etc.

Mais lorsque ces énergies sont disponibles, comme c'est le cas dans les pays développés, une part importante de la population (20 % en Europe, par exemple) ne peut y avoir librement accès, car elles sont trop chères. Dans un contexte économique peu porteur, marqué par une hausse tendancielle du coût de l'énergie[22], les situations de « précarité énergétique » se sont multipliées. L'organisation de la société (types de logements, organisation des villes, bassin d'emplois, etc.) et l'évolution des modes de vie ont provoqué dans certains pays un étalement urbain, où les foyers les plus modestes sont repoussés en dehors des villes – en recherche de loyers plus accessibles – et dès lors soumis à un risque de « double peine » :

– augmentation de leurs coûts de transport : longues distances, absence de transports en commun, nécessité de « double voiture » ;

– augmentation de leurs charges liées au chauffage : accroissement du prix de l'énergie dans des habitats souvent moins bien isolés qu'en centre-ville.

Le piège peut alors se refermer sur les personnes concernées, incapables de financer par elles-mêmes des investissements d'« efficacité énergétique globale » qui apporteraient une réponse durable à l'impact de la hausse des prix de l'énergie sur leur budget.

Qu'un bien de première nécessité comme l'énergie reste inaccessible à une majorité d'habitants de la planète dans ses besoins fondamentaux

22. Par ailleurs indispensable si l'on veut sérieusement considérer le coût des mesures à prendre pour en limiter ou compenser l'impact sur l'environnement.

(éclairage, cuisson, chauffage et mobilité) est une injustice sociale. C'est en même temps la cause d'un double dysfonctionnement économique. Au plan microéconomique, c'est l'individu (confort, survie, santé) qui est touché en première ligne par cette restriction d'accès aux biens et services y compris ceux qui sont essentiels à son insertion dans la collectivité (mobilité, accès à l'emploi). Au plan macroéconomique, c'est la collectivité elle-même qui se trouve affectée, dans le dynamisme de son économie et par le caractère insoutenable des ponctions des plus pauvres sur les écosystèmes (notamment la déforestation) pour répondre à des besoins essentiels.

L'accès à des énergies modernes pour les plus défavorisés ne se présente donc pas comme un « fardeau additionnel » pour la collectivité, mais bien plutôt comme un objectif souhaitable pour l'économie – l'accès à l'énergie étant un facteur de développement – autant que pour la planète – dès lors qu'est promu l'accès à des formes d'énergies renouvelables et/ou efficaces plutôt que l'usage traditionnel d'énergies polluantes.

Pourtant, comment enclencher un cercle vertueux qui nous permette collectivement de remédier à ces situations d'injustice et d'obtenir ces résultats bénéfiques ? Les solutions techniques existent. Les possibilités de financement aussi. Mais les populations concernées n'accèdent pas de façon récurrente à des ressources financières suffisantes et aux savoir-faire nécessaires. Et trop souvent, localement, les États et administrations publiques manquent également de moyens.

Peut-on envisager d'impliquer les entreprises dans la recherche de solutions ? Sans qu'elles disposent de perspectives de profit financier à court terme ? À quels objectifs pourrait les renvoyer leur participation à des programmes d'accès à l'énergie pour tous ?

Comment, en fin de compte, s'organiser pour que la force de changement que les entreprises s'avèrent capables de mobiliser puisse s'investir dans la recherche de réponses à des problématiques de justice écologique, économique et sociale ?

Chapitre 3. Changer notre économie en profondeur

Les chapitres précédents ont permis de voir que des réponses commençaient à se mettre en place face à l'importance de l'enjeu du défi climatique. Certes il arrive, en ce qui concerne certaines entreprises, qu'une habile communication de façade mette en avant des innovations et des avancées illusoires ou de nature très secondaire au regard de l'activité principale de l'entreprise. Cela dit, dans de nombreux cas, des transformations réelles et significatives ont lieu, que ce soit pour baisser la consommation énergétique nécessaire des produits ou services (par exemple l'accroissement important de l'efficacité énergétique des automobiles depuis les années 1990) ou encore pour décarboner l'énergie utilisée (par exemple tous les efforts effectués pour produire de l'électricité sans énergie fossile). Malheureusement, deux effets – dénommés l'un l'effet parc, l'autre l'effet rebond – limitent fortement ces avancées.

Afin de renouveler l'existant, des coûts, mais aussi des émissions de CO_2 et des consommations de matières premières très importantes sont nécessaires : c'est l'effet parc. Il se vérifie dans des domaines comme l'habitat, les machines industrielles ou l'automobile, pour prendre quelques exemples. Il freine la vitesse de diffusion et contrebalance le bénéfice écologique des innovations.

L'effet rebond, maintenant bien connu, a pour conséquence, quant à lui, que des gains sur l'énergie consommée ou sur les émissions de CO_2

suscitent de nouvelles utilisations qui elles-mêmes vont nécessiter de l'énergie et des émissions de GES. Ainsi, pour reprendre l'exemple de l'automobile, comme nous l'avons vu dans les chapitres précédents, au fur et à mesure que les moteurs gagnent en efficacité énergétique, le nombre d'options augmente dans les voitures, ce qui les alourdit et renforce les besoins en énergie. Effet parc et effet rebond conduisent donc à inverser les démarches de progrès. Si bien qu'aujourd'hui le contenu en énergie et en GES de nos économies ne diminue pas.

S'intéresser aux usages davantage qu'aux produits

Le progrès technologique ne peut donc pas tout. Il nous faut réaliser que la science ne suffira pas pour résoudre les problèmes très concrets qui se posent à nous du fait de nos modes de vie, de production, et de notre modèle de développement basé sur une augmentation indéfinie des quantités produites dans tous les domaines. Le changement à opérer est par conséquent beaucoup plus profond que cela.

Fortes de ce constat, certaines entreprises, y compris parmi les plus grandes, en viennent à s'interroger sur leurs pratiques. Quitte à remettre en cause certaines habitudes. Pour réduire leur impact sur l'environnement, certaines ont déjà fait le pari de réinventer leur *business model* plutôt que de tabler seulement sur des innovations techniques.

C'est le cas de Michelin, par exemple. Pour certains de ses produits techniques – comme les pneus pour les trains d'atterrissage des avions –, l'entreprise ne propose plus de vendre un nombre de pneus mais un nombre d'atterrissages. Ainsi, une compagnie aérienne n'a plus à acheter les pneus pour chacun de ses Airbus ou de ses Boeing, mais à payer une facture mensuelle dont le montant dépend du nombre d'atterrissages effectués par ses avions, et donc de son propre niveau d'activité commerciale. Le changement pour l'entreprise est plus radical qu'il n'y paraît au premier regard : en effet, l'intérêt bien compris de l'entreprise, dans une vente traditionnelle, était de vendre le plus de pneus possible. Avec cette nouvelle proposition, l'intérêt de l'entreprise est de vendre le plus « d'atterrissages » avec le moins de pneus possible. Pour résumer, avant, chaque fois que Michelin avait à changer un pneu usagé, l'entreprise gagnait de l'argent. Maintenant, à chaque fois qu'un pneu est changé, l'entreprise perd de l'argent. Et le développement de l'entreprise n'est plus uniquement basé sur des quantités croissantes de pneus vendus, mais sur l'usage qui en est fait.

La SNCF, de son côté, transforme par petites touches sa mission historique, d'opérateur ferroviaire pour le transport de voyageurs et de fret, en offre de mobilité entre un point A et un point B, conjuguant ferroviaire et autopartage, en proposant aux passagers des voitures en libre service sur les parkings de ses principales gares [1]. Autre exemple encore avec Air France qui, s'appuyant sur un mode de transport initialement perçu comme concurrent de ses propres activités, développe des connexions long-courriers combinant avion et train. Il est ainsi possible de réserver *via* Air France, en *codesharing* avec la SNCF, un voyage Détroit-Strasbourg, combinant un Détroit-Paris en avion, puis un Paris-Strasbourg en train. Air France achète ainsi 100 000 sièges par an sur cette liaison entre Strasbourg et Paris. Et à Strasbourg, le service « Air&Rail » propose un billet électronique unique, un enregistrement de bout en bout, et une prise en charge des bagages au quai TGV... avec du personnel Air France ! Et c'est en embarquant dans le TGV que le client s'aperçoit que, finalement, le train n'est qu'un avion un peu différent des autres [2]...

D'autres entreprises iront probablement même jusqu'à quitter leur cœur de métier historique, à l'image d'E.ON, l'électricien allemand, qui a annoncé fin 2014 s'organiser pour se séparer de toutes ses activités traditionnelles de production d'électricité – nucléaire, thermique et hydraulique – ainsi que de ses activités de marché de gros associés, pour se concentrer uniquement sur les productions renouvelables, la gestion de réseaux électriques intelligents et l'offre de service aux consommateurs d'énergie... [3]

De tels exemples laissent deviner, en creux, une remise en cause certaine de la vieille économie de l'offre, basée sur une production de masse ; et l'émergence d'une nouvelle modernité, d'une économie du besoin, basée non plus sur une percée technologique que l'on cherche à valoriser, mais sur une finalité vers laquelle tendre, sur une demande que l'on cherche à satisfaire. Il s'agit, en définitive, d'inviter les entreprises à remettre en cause, au plus vite, le triptyque « extraire, transformer, jeter », qui fait leur puissance depuis la révolution industrielle du

1. Lionel Steinmann, « La SNCF accélère sur l'autopartage », *Les Échos*, 9 mars 2015.

2. « Les TGV vont-ils un jour voler ? », www.solucominsight.fr, 21 février 2014.

3. Christoph Steitz, « German E.ON to Split to Focus on Renewables, Grids », www.reuters.com, 1er décembre 2014.

XIXe siècle, pour le remplacer par cet autre impératif : « réduire, substituer, réutiliser, recycler, valoriser[4] ».

Pour pouvoir développer de tels savoir-faire, les entreprises ont à réaliser une évolution culturelle majeure qui les ouvre à une nouvelle logique économique. Car cette révolution émergente de leurs pratiques va nécessiter le développement d'une forte capacité à coopérer entre acteurs de filières différentes, là où dominent aujourd'hui trop souvent le travail cloisonné : tout entreprendre pour que les déchets de l'un deviennent les ressources de l'autre, et si possible sans avoir besoin de faire la moitié du tour de la Terre.

Besoin de plus de coordination

Nous l'avons relevé, il est possible d'innover pour apporter des solutions techniques aux causes des problèmes environnementaux. Mais nous avons dû souligner également que les comités d'experts et la régulation publique seront incapables de mettre en œuvre seuls les transformations visées : il leur faudra pouvoir s'appuyer sur les acteurs économiques. Or la compétition économique internationale privilégie les stratégies individuelles de ces acteurs et – au mieux – leur autorégulation sectorielle. C'est pourquoi les entreprises qui y sont soumises sont souvent trop peu coordonnées pour pouvoir assurer une diffusion systématique et rapide à la hauteur des enjeux pour notre planète, des solutions innovantes qu'elles identifient et développent.

Il convient donc de repenser complètement comment ces différents univers – savoir, politique, entrepreneuriat – pourraient interagir avec la citoyenneté, pour que puisse s'opérer une transition juste et écologique à l'échelle de notre planète. Experts, décideurs politiques ou économiques doivent se concevoir comme des acteurs citoyens, appelés à développer de façon nouvelle du « commun », de sorte que nos productions économiques soient au service du fonctionnement de la cité, et non l'inverse. Ce changement de perspective est une invitation adressée à chacun, un appel à abandonner toute velléité de vision surplombante de mondes à conquérir, pour se laisser convaincre par une vision participative de territoires à habiter et développer ensemble.

Reprenons ici brièvement les données du problème.

---

4. Maximilien Rouer et Anne Goyon, *op. cit.*

Ces dernières années, « de crise », nous ont fait prendre conscience, collectivement, que notre activité économique s'inscrit dans un monde fini. Et que l'expansion démographique, l'épuisement de nos ressources naturelles, la pollution et le réchauffement climatique rendent impossible, avant la fin de ce siècle, la poursuite de nos pratiques actuelles. Dans le cadre du GIEC, des experts du monde entier nous alertent sur notre responsabilité vis-à-vis des générations futures. Pour qu'elles puissent simplement vivre, c'est à nous qu'il revient, dès aujourd'hui, de mettre en œuvre des plans d'action pour limiter nos émissions de gaz à effet de serre (GES) à l'origine de modifications climatiques menaçant, à terme, la survie de l'humanité. À nous aussi d'adapter nos modes de vie au nouvel environnement qui va résulter des modifications irréversibles de notre écosystème que nous avons déjà provoquées.

Nous ne sommes pas capables de prévisions fiables sur un tel horizon de temps. De même que très peu d'experts ont annoncé la crise de 2008, personne, en 1994, lors de la négociation de la Convention-cadre des Nations unies sur les changements climatiques, n'a prédit qu'en 2014 :

– l'Union européenne atteindrait momentanément ses objectifs de baisse de ses émissions de GES, du fait d'une crise économique majeure, mais aussi grâce à la délocalisation en Chine d'une partie de ses productions industrielles ;

– la révolution du gaz de schiste intervenue aux États-Unis changerait complètement leur situation de dépendance en matière énergétique et le profil de leurs émissions – le charbon étant remplacé par le gaz –, et que le prix du baril de pétrole serait subitement divisé par trois, ainsi que le prix du charbon fortement abaissé ;

– la quantité de GES émise par la Chine dépasserait celle des États-Unis, et que les conséquences sanitaires dramatiques du niveau de pollution que subissent les populations chinoises contraindraient les autorités à décider de limiter autoritairement la consommation de charbon dans leur pays, à partir de 2015.

À l'image de l'extraction de gaz de schiste aux États-Unis, ces transformations que nous avons pu observer sont, pour le moins, ambivalentes. Quoi qu'il en soit, elles permettent d'illustrer le caractère difficilement prédictible des choix techniques et politiques à effectuer. Il nous faut donc aller de l'avant, humblement. Tout en nous efforçant d'imaginer les futurs possibles qui se présentent à nous. Avec des raisons d'être très inquiets. Car nous savons que de 2002 à 2012 la consommation mondiale d'énergie a augmenté de 30 %[5]. Et nous savons également que si nous ne changeons rien à nos habitudes, elle va continuer d'augmenter à un rythme de 1,5 % par an pendant les vingt ans à venir. Soit de 41 % entre 2012 et 2035. Et ce à un rythme plus rapide que celui de la croissance de la population mondiale qui, elle, mettra plus de quatre-vingts ans pour augmenter de 43 %. Autrement dit, nous savons que, si nous ne faisons rien, plus nous avancerons, plus nos modes de vie seront gourmands en énergie.

Certes, dans quelques endroits limités, une impulsion a déjà été donnée pour que la part des énergies fossiles – charbon, pétrole et gaz – baisse dans le mix énergétique global de notre planète ; et pour rééquilibrer nos consommations d'énergie fossile, en faveur du gaz, moins polluant que le charbon et le pétrole. Mais, malgré cela, en 2035, les énergies fossiles, source de GES, devraient selon toute vraisemblance représenter encore 81 % du mix énergétique de notre planète. Ce qui rend notre trajectoire actuelle insoutenable, et fait de nos pratiques consommatrices actuelles une menace pour le devenir de notre planète.

Notre façon actuelle de traiter les causes et les conséquences du changement climatique nous conduit donc droit dans le mur. D'où la nécessité de déployer, collectivement, des trésors d'imagination pour identifier des démarches plus volontaristes susceptibles de nous permettre de réduire nos émissions de GES. Et de pouvoir les expérimenter à grande échelle, pour nous assurer qu'elles sont bien réalistes.

C'est ainsi que de nouveaux concepts sont apparus dans le champ de la politique économique d'un pays comme le nôtre. Soucieux d'environnement, on parle donc, en France, d'« économie verte », d'« économie circulaire », ou d'« économie de fonctionnalité » ; ce qui conduit, au plan sociétal, à parler d'« économie collaborative[6] ». Ou encore, dans une optique de justice sociale, à parler plutôt d'« économie sociale et solidaire[7] » (ESS).

---

5. Source : BP, « Statistical Review of World Energy 2015 », www.bp.com.

6. Voir p. 65.

7. Voir p. 68.

Que recouvrent de tels concepts ? Que promeuvent-ils de différent par rapport à nos pratiques économiques actuelles ?

Peut-on se contenter de « verdir » l'existant ?

Dans la foulée des accords de Kyoto, la recherche, dans le domaine technique, de sources d'énergie « renouvelables » a été à l'origine du concept d'« économie verte[8] ». De quoi s'agit-il ? L'objectif est celui de l'efficacité énergétique et non de la modération de la consommation. Fondamentalement, il s'agit de conserver la même logique économique productiviste qu'aujourd'hui, mais en rendant nos pratiques plus « vertes », plus « durables », parce que plus respectueuses de l'environnement. Par exemple : remplacer des hydrocarbures fossiles par de la biomasse, pour produire des carburants ou des produits chimiques. Soulignons tout de suite que ce verdissement de l'économie par une diminution des quantités et de la nature des ressources utilisées par unité produite ne garantit pas une réduction des émissions de gaz à effet de serre dès lors que la production et la consommation augmentent.

Pour un gouvernement confronté aux problématiques énergie-climat, il peut sembler judicieux, en effet, de « Développer de nouveaux modes de consommation et de production, plus sobres en ressources naturelles [...] tant pour affronter les défis environnementaux qui sont devant nous que pour offrir de nouvelles opportunités [aux] entreprises [du pays] et pour créer de nouveaux emplois[9] ». Dès lors, puisque « Dans la compétition mondiale qui s'engage aujourd'hui pour l'économie verte, la France possède un potentiel considérable ; [et qu']elle dispose d'entreprises qui sont parmi les leaders mondiaux que ce soit en matière d'énergie, de génie écologique, de traitement de l'eau ou des déchets », ou encore en matière d'efficacité énergétique, n'est-il pas normal d'afficher l'ambition politique de conforter la place de ces entreprises, véritables champions nationaux, « sur les marchés mondiaux en soutenant la montée en puissance de filières » industrielles vertes, c'est-à-dire sobres en ressources naturelles, décarbonées, et créatrice d'emplois[10] ?

---

8. Ministère de l'Écologie, du Développement durable et de l'Énergie, « Économie verte », www.developpement-durable.gouv.fr.

9. *Ibid.*

10. *Ibid.*

Dix-neuf filières [11] ont donc été identifiées par le Commissariat général au développement durable (CGDD) dans un rapport publié en mars 2013 : « Les filières industrielles stratégiques de l'économie verte : enjeux et perspectives [12] ». Selon l'Observatoire des emplois et métiers de l'économie verte, ces « éco-activités », notion connexe à celle de « filières vertes », employaient déjà, en 2011, 455 600 personnes en équivalents temps plein, en augmentation de 6,7 % par rapport à 2010 (contre 0,5 % pour le reste de l'économie). Un bon taux de croissance, donc, pour ce secteur de l'économie jugé d'« avenir » un peu partout, en Europe et dans le monde, puisque ce sont près de 15 % du montant des plans de relance économique annoncés qui lui sont dédiés depuis 2009, soit près de 430 milliards de dollars.

De même, derrière la « transition énergétique » à la française, se dissimule l'espoir d'une revitalisation de l'activité économique dans des activités de main-d'œuvre comme la rénovation des bâtiments, et leur isolation. Cependant tout cela reste encore très modeste, à l'échelle de la France, puisque, avec 82 milliards d'euros, la production de ces éco-activités ne représentait en 2012 que 2,3 % de la valeur de la production nationale totale, avec une valeur ajoutée de 32 milliards d'euros et des exportations de 9,1 milliards d'euros, soit 2,1 % du total des exportations [13].

Énormément de chemin reste à parcourir pour que le verdissement de nos pratiques actuelles soit de nature à changer la donne. Car, derrière ce « verdissement », aucun changement de logique ne se dessine : nous maintiendrons les mêmes modes de vie, les mêmes logiques de production et de développement économique qu'aujourd'hui. Il y a donc toutes les chances que, sans changements supplémentaires de nos façons de

11. Ces dix-neuf filières sont regroupées en trois grandes familles : 1. Production d'énergie à partir de sources renouvelables : biocarburants, biomasse énergie, énergies marines, éolien, géothermie, solaire. 2. Optimisation des consommations de ressources naturelles : bâtiment à faible impact environnemental, chimie verte, hydrogène et piles à combustibles, logistique et gestion de flux, matériaux biosourcés, optimisation des procédés industriels, réseaux énergétiques intelligents, stockage de l'énergie et batteries, véhicule décarboné. 3. Gestion du cycle de vie des ressources naturelles : captage, stockage et valorisation du CO_2, eau, assainissement et génie écologique, métrologie et instrumentation, recyclage et valorisation des déchets.

12. CGDD, « Les filières industrielles stratégiques de l'économie verte : enjeux et perspectives », www.developpement-durable.gouv.fr, mars 2013.

13. Ministère de l'Écologie, du Développement durable et de l'Énergie, « Les éco-activités et l'emploi environnemental », www.developpement-durable.gouv.fr, 6 juin 2011 (mis à jour le 16 avril 2015).

vivre et de produire, même si les effets de cette « économie verte » étaient multipliés par 20 ou 30 dans les années qui viennent – ce qui n'est pas donné d'emblée –, les gains en efficacité énergétique et émissions de GES soient en grande partie effacés par la lourdeur de l'effet parc et par la dynamique de l'effet rebond. Alors que dans le même temps nous serions convaincus d'avoir pris en main tous les leviers possibles, comptant sur la seule science pour apporter à temps une solution au problème, sans que nous ayons plus à nous impliquer personnellement.

Simplement verdir notre économie actuelle ne va donc pas suffire à traiter les problèmes environnementaux. D'autres approches doivent aller plus loin dans la remise en cause de nos pratiques.

Une entreprise frugale et responsable grâce à l'économie circulaire [14] ?

Nos pratiques industrielles et commerciales traditionnelles ont suivi un modèle de développement qui leur a permis de « progresser » de façon accélérée. Grâce à la croissance consumériste qui en a résulté, des milliards d'individus ont pu accéder à une certaine prospérité matérielle. Mais étendre ce mode de vie à l'ensemble des habitants de notre planète sans changer de modalités économiques nous conduirait à un niveau de prélèvement sur les ressources naturelles qui dépasserait largement la biocapacité de notre planète [15]. D'ailleurs, certaines de nos activités se voient freinées par la raréfaction de certaines matières premières [16]. Et notre écosystème ne pourra ni produire les ressources nécessaires, renouvelables ou non, ni absorber nos déchets résultant de la production.

Sommes-nous donc dans l'impasse ? Confrontés à une aporie ? Ne pouvant faire autrement que laisser espérer à chaque habitant de notre terre un mode de vie consumériste « à l'occidentale », tout en sachant pertinemment que c'est impossible, et suicidaire pour l'humanité ? Prendre conscience du caractère mensonger de ces promesses invite à imaginer des pratiques permettant de redistribuer les cartes dès aujourd'hui : faire en sorte que les populations des pays développés réduisent

14. Voir « L'économie circulaire, nouveau modèle de prospérité ? », contribution de l'Institut de l'économie circulaire à la Conférence environnementale des 20 et 21 septembre 2013, http://www.institut-economie-circulaire.fr.

15. Philippe Bihouix, *L'Âge des low tech. Vers une civilisation techniquement soutenable*, Paris, Le Seuil, 2014.

16. Les « terres rares » sont indispensables à nos ordinateurs et autres smartphones. Voir EcoInfo, « Les terres rares », www.ecoinfo.cnrs.fr.

leur empreinte écologique, pour que les populations des pays émergents puissent accéder à un mieux-être matériel, dans le respect des limites de notre planète. D'où l'idée de remplacer par un modèle « circulaire » le modèle linéaire de production et de consommation sur lequel a reposé toute notre économie depuis la révolution industrielle :

Extraction de matières premières → Fabrication du produit → Consommation du produit → Production de déchets

L'économie circulaire invite à modifier radicalement ce schéma en s'inspirant du fonctionnement des écosystèmes naturels pour parvenir à découpler développement économique et épuisement des ressources naturelles.

Il s'agit de concevoir une organisation de nos activités de production qui nous permette d'en minimiser l'impact sur la nature. Ce qui conduit à pratiquer, de façon systématique, une « éco-conception » des produits et services marchands, économes en denrées (et sans denrée toxique...), capables de durer (pas d'obsolescence programmée !), dont les composants peuvent avoir une durée de réemploi significative, de façon à minimiser la production de déchets. Pour y parvenir, la conception d'un produit (ou d'un service) se doit d'intégrer également la définition de chacun des circuits économiques complémentaires qu'il conviendra de mettre en œuvre à chaque étape de la vie du produit : fabrication, commercialisation, utilisation, réparation, réutilisation, réemploi d'un composant dans un autre type de produit (*remanufacturing*), recyclage d'un matériau, et *in fine* valorisation des déchets ultimes (méthanisation, compostage, énergie, etc.).

Ce qui sous-tend l'économie circulaire, c'est l'idée de donner plusieurs vies aux biens de consommation qui, dans l'économie linéaire, sont considérés comme des déchets voués à être enfouis ou incinérés. Réparer d'abord, réutiliser ensuite, recycler enfin. De façon rentable.

Selon McKinsey & Compagny, cabinet international de conseil auprès des directions d'entreprise, la mise en œuvre systématique d'une économie circulaire au sein de l'Union européenne permettrait d'économiser annuellement au minimum 380 milliards de dollars dépensés en achats de matières premières. Et à ces économies pourrait aussi s'ajouter de la création de valeur, grâce au développement d'activités non délocalisables résultant du soutien apporté sur les « territoires » au développement de filières industrielle et agricoles combinant production, réparation, réemploi et recyclage.

Mais du concept à la réalisation, la route est longue. Ne serait-ce que parce qu'il apparaît aujourd'hui plus rentable pour des entreprises du secteur du recyclage d'exporter des conteneurs de déchets d'équipements électriques et électroniques (les DEEE [17]) afin de les faire trier par de la main-d'œuvre sous-payée dans un pays émergent, et pour des distributeurs d'importer des équipements neufs pas chers provenant d'un autre pays émergent, plutôt que de créer, ensemble, une filière complète de recyclage dans un pays consommateur. Ou encore parce que les incitations économiques proposées par les collectivités locales à une entreprise cherchant à s'implanter sur un nouveau site sont loin de valoriser dans leurs critères d'attribution l'effet « circulaire » de son activité. De plus, en cas de succès dans une filière, il faudra également veiller à ce que la vitesse de rotation des produits ne s'accélère pas, sous l'effet d'une nouvelle *doxa* consumériste (« Puisque c'est recyclé, je peux jeter... »). Et garder également présent à l'esprit que le recyclage d'une même denrée ne peut se reproduire à l'infini, ou que le recyclage de matières premières génère très souvent un important appel d'énergie.

Une entreprise peut-elle vouloir vendre moins de produits ?

Mettre en œuvre des processus de production plus sobres en matières premières pourrait également ne pas suffire pour éviter d'épuiser notre écosystème si par ailleurs nous continuons de faire croître la quantité de biens produits ! C'est pourquoi il convient également, avant de produire un bien, de s'interroger sur son usage. Faut-il réellement que chacun possède ce bien pour pouvoir l'utiliser ?

Prenons l'exemple du transport en Europe : les voitures produites, vendues à des particuliers, constituent un parc de près de 300 millions de véhicules immobilisés sur une place de parking près de 85 % du temps. Est-ce la façon la plus sobre de mettre l'utilité sociale d'une voiture – la capacité de transport, le potentiel de mobilité qu'elle représente – à la disposition de ceux qui en ont besoin ? Ne peut-on envisager une autre façon de faire ?

17. Voir « Déchets d'équipements électriques et électroniques (DEE) », in Ministère de l'Écologie, du Développement durable et de l'Énergie, « Filières de responsabilité élargie du producteur (REP) », www.developpement-durable.gouv.fr, 31 août 2011 (mis à jour le 5 janvier 2015) ; Ademe, « Rapport annuel sur la mise en œuvre de la réglementation relative aux déchets d'équipements électriques et électroniques (DEE). Données 2013 », www.ademe.fr, octobre 2014.

Il importe donc de se demander pour chaque produit comment rendre l'accès à l'utilité sociale qu'il apporte – le bien-être social associé à son usage – indépendant de la possession de ce produit par son utilisateur. De sorte qu'une plus grande frugalité de l'économie de notre vivre-ensemble – une moindre quantité de produits – ne conduise pas pour autant à renoncer à des fonctionnalités qui contribuent à la qualité de vie.

Identifier les possessions auxquelles les consommateurs peuvent renoncer, tout en ayant accès à la satisfaction donnée par l'usage de ces biens, nous fait entrer dans ce que l'on appelle l'« économie de fonctionnalité », c'est-à-dire une économie dont le modèle de production, de distribution et de consommation repose sur le passage de la vente d'un bien à la vente de son usage.

Pour les agglomérations urbaines, l'exemple le plus connu en matière d'économie de fonctionnalité est à Paris le Vélib', ce système de vélos en libre service, dont le modèle a été étendu à l'Autolib', un parc de voitures électriques disponibles pour circuler en zone urbaine. Ces deux systèmes se sont inspirés du modèle du loueur Kiloutou, dont le concept, inédit alors en France, de location de matériel est né dans les années 1990.

Dans cette logique d'économie de fonctionnalité, la valeur d'un produit réside donc dans sa fonction. Ce qui s'avère vertueux, d'un point de vue environnemental, à plusieurs titres :

– La durabilité du produit devient un facteur essentiel pour son producteur-propriétaire. Ce qui évite la tentation de l'obsolescence programmée, car plus le produit dure, plus longtemps son propriétaire peut en commercialiser l'usage.

– L'entretien, la réutilisation, les éléments de base qui le constituent et la gestion de la fin de vie d'un produit deviennent un élément clé pour le fabricant. En effet, plus les composants du produit en fin de vie seront valorisables, plus le fabricant sera incité à minimiser la production de déchets.

La quantité de service fournie est donc découplée de la quantité de produit distribuée, ce qui conduit à une moindre immobilisation de denrées naturelles.

Mais une telle approche ne résout pas le problème des périodes de pointe de la demande pour un même service : sommes-nous prêts à renoncer alors au service dont nous avons besoin ? Au plan individuel, sommes-nous réellement prêts à abandonner/sacrifier cette forme de sécurité que nous apporte la disponibilité immédiate du bien dont nous sommes propriétaire ?

De même, comment pourrons-nous continuer d'accéder à ces services payants à vie en cas de baisse de nos revenus ? Comment faire, par exemple, pour que le passage à la retraite ne s'accompagne pas d'une perte significative de qualité de vie, faute de pouvoir continuer à payer autant pour ces services qu'en période d'activité salariée ?

Peut-on faire mieux en collaborant ?

Pour pouvoir devenir réalité sur un territoire donné, économie circulaire et économie de fonctionnalité supposent que soit possible une coopération entre toutes sortes d'acteurs. Car pour que les déchets des uns soient appelés à devenir les ressources des autres, il faut disposer d'un tissu industriel et commercial ainsi que d'infrastructures locales qui permettent aux différents acteurs concernés d'opérer en symbiose. Et, ainsi, de contribuer à redynamiser un territoire tout en favorisant un développement économique local, créateur d'emplois non délocalisables. Avec, au passage, la résolution de toutes les questions d'interdépendance qui se posent quand l'un des acteurs de la chaîne part ou arrête son activité, afin d'éviter que l'édifice ne s'effrondre.

Mais une telle approche collaborative de l'économie n'est pas non plus l'apanage des entreprises et des collectivités locales. Nombreux sont les particuliers qui s'aventurent aujourd'hui dans la production d'activités en commun. Par exemple :

– En matière de connaissance partagée : Wikipédia, encyclopédie collaborative en ligne, ou encore Linux, système d'exploitation informatique ouvert.

– En matière de vie associative : la Maison d'église de Chatou, un lieu qui héberge de multiples activités associatives et se finance *via* une bourse aux talents et non plus via une « vente de produits ». Un membre de la communauté propose par exemple d'apprendre bénévolement à d'autres comment cuisiner un plat traditionnel de sa région d'origine ; chaque personne intéressée s'inscrit en versant à la Maison d'église une contribution financière en échange de cet apprentissage. Il en est de même de tout le système d'échanges locaux ou SEL qui permet d'échanger des compétences, des savoir-faire et des produits.

– Ou encore les multiples formes d'interactions interpersonnelles que facilitent les réseaux sociaux supportés par Internet.

Dans la sphère marchande, à la faveur de la crise économique et de l'essor des réseaux virtuels, les logiques de réemploi et de mutualisation des ressources (revendre ou donner au lieu de jeter) se développent chez les consommateurs. Et, très souvent, à leur initiative : pensons au succès d'un site internet comme leboncoin.fr, à la multiplication des vide-greniers et autres brocantes périscolaires où émerge aussi une manière de consommer autrement.

Très vite, la logique capitaliste a su adapter cette logique collaborative à d'autres modalités d'échange. De nouveaux *business models* apparaissent donc, que l'on regroupe pour le moment sous le mot-valise d'« économie collaborative ».

En particulier, les nouvelles modalités d'activité économique sont permises par le développement exponentiel du numérique qui transforme complètement les possibilités de mise en relation entre entreprises et clients. Une entreprise comme Airbnb, spécialisée dans les locations d'appartements entre particuliers, n'en finit pas de grandir et serait valorisée à 24 milliards de dollars, soit deux fois plus que le groupe hôtelier Accor et ses 482 000 chambres dans le monde[18]. Uber, en mettant directement en contact des clients potentiels avec des conducteurs à partir d'applications sur mobile, provoque la colère des taxis, soumis à des règles et à des achats de licence[19]. Uber est valorisé à 50 milliards de dollars en 2015[20]. BlaBlaCar, initialement une plateforme communautaire de covoiturage mettant en relation gratuitement des conducteurs et des passagers souhaitant partager un trajet et les frais associés, est devenue payante en 2011 et atteindrait une valorisation de l'ordre du milliard d'euros[21].

Ces entreprises bousculent l'économie traditionnelle et soulèvent de nombreuses questions relatives à l'application du droit du travail, aux règles de fonctionnement d'une profession ou aux modes d'application de la fiscalité. Comment arriver à utiliser la puissance de ces nouveaux outils pour développer une société plus juste et plus économe en matières

18. Sébastien Pommier, « Airbnb, l'entreprise qui valait 24 milliards de dollars », *L'Expansion*, 19 juin 2015.

19. Uber a suspendu l'un de ses services en France. Voir « Uber suspend UberPOP en France, www.lepoint.fr, 3 juillet 2015.

20. Jules Darmanin, « Uber est déjà quatre fois plus gros que Facebook au même âge », lefigaro.fr, 11 mai 2015.

21. Claire Bouleau, « Blablacar, une start-up à 1 milliard d'euros ? », *Challenges*, 22 avril 2015.

premières, en énergie et en émissions de GES ? Cette grande fluidité de l'information devrait permettre de mieux partager l'usage d'équipements existants, de donner une nouvelle vie chez quelqu'un d'autre aux objets qui ne sont plus utilisés par leur propriétaire initial. Savoir que l'équipement dont nous pouvons avoir besoin une fois de temps en temps a toutes les chances d'être disponible et aisément accessible pour un coût de location minime au regard de son coût d'achat, peut finir par avoir un impact important sur notre relation aux objets : en permettant de passer de la volonté de posséder au besoin d'avoir accès. Une telle mutualisation des équipements devrait être très vertueuse en énergie et consommation de ressources.

Le think tank Le Labo de l'économie sociale et solidaire[22] présente ainsi sa vision de l'économie collaborative :

> « Le point commun de ces initiatives, et le point de départ de la définition chapeau de l'économie collaborative, c'est le caractère P2P (pair à pair) des systèmes d'échange mis en place. Ainsi la consommation collaborative rassemble des initiatives de prêt, location, don, troc, ou vente de biens et services entre particuliers, du covoiturage à l'échange de matériel entre voisins, etc.
>
> Mais de nombreuses autres facettes de l'économie collaborative se développent en amont de cette phase de consommation, toujours sur le principe de l'échange de pair à pair :
>
> – financement participatif de projets de tous types,
>
> – production contributive (qui est une extension à la sphère matérielle des modes de production contributifs et distribués pratiqués dans la sphère immatérielle du logiciel libre notamment),
>
> – production et partage des savoirs et de la connaissance,
>
> – ou encore démocratie ouverte.
>
> Ces systèmes ont pu se développer grâce aux outils numériques : des pratiques existant depuis toujours (prêt d'objet, échange de services), à l'échelle de la famille ou de l'entourage proche sont désormais étendues à un cercle beaucoup plus large. Les plateformes permettent en effet (1) de rentrer en contact avec des inconnus aux aspirations/besoins correspondant aux nôtres et (2) de garantir le niveau de confiance nécessaire à l'échange, grâce à des systèmes de réputation de plus en plus sophistiqués. C'est ce

22. Think tank visant à faire reconnaître une économie plus respectueuse de l'homme et de son environnement, dont l'une des figures emblématiques est Claude Alphandéry. Ses travaux l'ont conduit à identifier soixante propositions d'action dans le but de sortir de la crise par une révision profonde des modes de production et de consommation. Voir « Pour une autre économie », *Alternatives économiques*, hors-série « poche », n° 46 bis, novembre 2010.

passage des interactions à une échelle inédite jusqu'alors qui rend les plateformes réellement efficientes pour le large développement de ce type d'échanges économiques[23]. »

Ces nouvelles formes économiques sont donc prometteuses. Toutefois, elles véhiculent également toujours plus de complexité, de dépendance, de demande de transparence, etc. Les évolutions actuelles de certaines filières centrées sur la location de biens privés amènent en effet à se demander si nous participons vraiment à l'essor de nouveaux modèles d'économie du partage – centrés sur la coopération et un partage des ressources équitable et durable – ou si nous sommes juste témoins de la victoire du « tout marché » comme solution ultime de monétisation de leurs avoirs par quelques possédants à la recherche de revenus d'appoint. De fait ces sites de partage sont des acteurs économiques capitalistes qui peuvent croître et devenir, comme nous l'avons vu plus haut, leader dans un secteur, au risque de capter l'essentiel de la création de valeur – et rétribuer leur capital – sans que cela bénéficie aux concurrents moins heureux ou aux personnes plus pauvres de nos sociétés. Ces formes d'activité économique peuvent donc elles-mêmes avoir un rôle aussi bien de révélateurs que de vecteurs d'inégalités : les plus pauvres ont moins de biens à échanger et de capacités de location de services. Et le type de travail désintermédié induit par ces activités peut également s'apparenter non pas tant à celui de l'artisan, qui contrôle toute son activité, qu'à celui de vacataire en situation précaire, manquant de protection sociale et de droits.

L'économie sociale et solidaire : une recette magique ?

Collaborative, circulaire, de fonctionnalité ou verte, une économie revisitée se heurte toujours à de fortes contraintes quand il s'agit de la rendre compatible avec les limites de notre biosphère et avec le souci de la justice sociale pour les générations actuelles et à venir. Un tel enjeu nous conduit à évoquer l'ESS, à laquelle on tend à se référer, en France, chaque fois que l'on se prend à rêver d'une autre économie, plus juste. Est-ce que croiser tous les types d'économies évoqués plus haut pourrait ouvrir une voie originale ? Et efficace, à grande échelle ?

Traditionnellement on désigne par « ESS » les activités d'un certain type d'entreprises, organisées juridiquement sous forme de coopératives,

---

23. Flore Berlingen, « L'économie collaborative est-elle aussi sociale et solidaire ? » www.lelabo-ess.org, 2 décembre 2013.

de mutuelles, d'associations ou de fondations, dont le fonctionnement interne et les activités sont fondés sur un principe de solidarité et d'utilité sociale. En règle générale, ces organisations privilégient des modes de gestion participatives, voire démocratique, et encadrent de façon stricte l'utilisation des bénéfices financiers qu'elles peuvent réaliser. La poursuite d'un profit individuel y est traditionnellement encadrée, les résultats financiers ayant vocation à être réinvestis dans l'activité de l'entreprise. Enfin, dans nombre de cas, l'utilité sociale de ces organisations les conduit à disposer de ressources financières en partie publiques (subventions, dotations de fonctionnement, etc.).

Ainsi, aucun de ces critères traditionnels ne vient faire obstacle à ce qu'une entreprise de l'ESS s'inscrive dans une logique d'économie circulaire et de fonctionnalité, verte et collaborative. Mais l'inverse serait-il possible ? Une entreprise industrielle et commerciale soucieuse de son impact sur l'environnement ne pourrait-elle pas aussi contribuer à rendre notre société plus juste, plus solidaire ?

C'est la perspective qu'ouvre la loi n° 2014-856 du 31 juillet 2014 relative à l'économie sociale et solidaire[24], qui dépasse l'approche traditionnelle de l'ESS en donnant un cadre institutionnel à de nouvelles approches, en particulier celles qui ont été élaborées, ces dernières années, par le Laboratoire de l'économie sociale et solidaire.

Cette loi étend en effet la qualification d'acteurs de l'ESS aux sociétés commerciales de droit privé qui, statutairement, poursuivraient des objectifs d'utilité sociale, dans un but autre que le seul partage des bénéfices (en entrant, donc, dans une logique d'affectation des bénéfices à des réserves obligatoires, en vue du maintien ou du développement de l'activité de l'entreprise, et en s'engageant également sur des règles de gouvernance). Dans notre culture, une telle ouverture constitue une avancée « idéologique » significative. Car cela revient à affirmer, avec Muhammad Yunus, économiste et prix Nobel de la paix, que tout acteur du *social business* a le devoir de faire du profit – ne serait-ce que pour assurer son indépendance politique vis-à-vis des bailleurs de fonds. Autrement dit, faire du profit pourrait avoir une utilité sociale. Ce dont ont pris acte depuis longtemps déjà les prescripteurs en matière d'investissement socialement responsable (ISR) et de responsabilité sociétale des entreprises (RSE), qui invitent l'ensemble des acteurs économiques à accroître leur utilité sociale tout en minimisant les

24. Consultable le site www.legifrance.fr.

externalités négatives, c'est-à-dire les dommages collatéraux résultant de leur activité.

Mais la réalité du terrain est plus complexe. Être labellisé « entreprise de l'économie sociale et solidaire » ne présente d'intérêt économique qu'en termes d'accès facilité à des financements publics et aux fonds de l'épargne salariale solidaire. Dès lors, en l'absence de besoin de financement complémentaire, pourquoi se lancer dans une telle labellisation ? Et ne pas être ainsi labellisé n'interdit pas pour autant à une entreprise de chercher également à donner « du sens et de l'utilité sociale au projet [de cette] entreprise et à la vie professionnelle [25] » qu'on y mène. Il y a même lieu de viser, et même d'exiger, que tout type d'entreprise soit concerné par la recherche d'une compatibilité entre son modèle économique et l'intérêt général pour aujourd'hui et demain. Une manière de préciser cet enjeu est fournie par la charte de l'association EBN, dont, nous le rappelons, les auteurs de ce livre sont membres, et qui décrit les objectifs relatifs à la responsabilité de l'entreprise de la manière suivante :

> « 1) une communauté humaine impliquée et fédérée autour d'un projet et d'une mission compatibles avec l'intérêt général ;
>
> 2) un style de relations humaines marqué par la bienveillance permettant à chacun de se développer ;
>
> 3) une création de richesse durable économique, sociale et environnementale, en prenant en compte l'ensemble de ses externalités : utilisation de ressources naturelles, modifications de son environnement humain, social, culturel ;
>
> 4) l'innovation et l'acceptation du risque comme opportunités de dépassement et de réalisation collectifs et individuels ;
>
> 5) et une gouvernance ouverte, laissant leur juste place à l'ensemble des parties prenantes – actionnaires, salariés, fournisseurs, environnement local, personnes et communautés impactées par l'activité de l'entreprise – dans un objectif de répartition équitable des responsabilités et des richesses tout au long de la chaîne de valeur [26]. »

Ces principes devraient pouvoir être mobilisés, selon nous, quelles que soient les formes entrepreneuriales considérées. Ils sont affaire de convictions aussi bien que de normes. Le cadre juridique actuel dans lequel doit s'inscrire l'activité de toute entreprise, fût-il celui de l'économie sociale et solidaire, ne suffit pas en effet pour garantir que ces

---

25. Voir, à la fin de l'ouvrage, la charte de l'association « L'Entreprise, une bonne nouvelle ».

26. *Ibid.*

objectifs soient assurés dans la réalité. Peut-être faut-il même partir du constat que toute entreprise – sociale et solidaire ou non – est potentiellement une organisation prédatrice, dans la mesure où elle prélève des ressources non renouvelables, où elle détruit un environnement existant, où elle produit des déchets. Et, par conséquent, affirmer qu'une entreprise – quelle qu'elle soit – ne justifie son existence qu'à condition de produire plus d'utilité sociale pour l'ensemble de ses parties prenantes qu'elle ne leur en fait perdre *via* les prélèvements qu'elle opère sur leur écosystème. Nous détaillerons au chapitre 7 les conséquences juridiques d'une telle perspective.

Mettre l'accent en priorité sur une économie locale inclusive ?

En France, la loi Hamon de juillet 2014 relative à l'économie sociale et solidaire confirme également la dimension locale, territoriale, des stratégies d'adaptation à poursuivre. Pour cela, elle vient conforter le rôle local des chambres régionales de l'ESS. Mais, surtout, elle propose la mise en œuvre de « pôles territoriaux de coopération économique[27] » (PTCE) associant sur un même territoire des entreprises de l'économie sociale et solidaire, des entreprises « classiques » ainsi que, le cas échéant, des collectivités locales, des centres de recherche et des organismes de formation, pour mettre en œuvre une stratégie commune et continue de mutualisation au service de projets économiques innovants socialement et porteurs d'un développement local durable. Il s'agit là d'une recherche d'une économie inclusive, au service du développement de toutes les parties prenantes d'un territoire, y compris les plus exclus, dans la recherche de solidarités plus grandes et dans le respect de la diversité des parcours de vie, des compétences et de l'histoire des lieux. Cette recherche n'est pas spécifiquement française, elle implique un regard sur les chaînes de production et de valeur mondiales, pour qu'une telle inclusion locale ne se fasse pas aux dépens d'autres territoires.

L'un des lieux du monde où la question du développement économique et la façon dont les populations locales y prennent part se pose actuellement de façon la plus aiguë est l'Afrique. Malgré l'engouement récent des investisseurs pour ce continent comme future « terre de

27. Voir Françoise Bernon (dir.), « Les pôles territoriaux de coopération économique », www.lelabo-ess.org, septembre 2014. Voir aussi, sur l'exemple du PTCE de Romans-sur-Isère, Amandine Barthélémy, Sophie Keller et Romain Slitine, *L'Économie qu'on aime ! Relocalisations, création d'emplois, croissance : de nouvelles solutions face à la crise*, Paris, Rue de l'Échiquier, 2014.

croissance », et de certains hommes politiques pour les problématiques liées à l'électrification de l'Afrique subsaharienne, les professionnels du secteur de l'énergie le savent bien : en Afrique subsaharienne, aujourd'hui, ce ne sont pas les capacités de financement international qui manquent, mais l'existence de projets réalistes, susceptibles d'être menés à terme avec succès. De tels projets ont besoin, entre autres, de pouvoir s'adresser à une clientèle solvable suffisamment nombreuse. Donc à des consommateurs disposant d'un compte en banque et de revenus monétaires réguliers. Bref, d'une « classe moyenne » en croissance... qui, pour se constituer, a besoin d'un cadre de gouvernance national favorable au déploiement des capacités des populations du pays. Ce qui disqualifie toute approche « mercenaire » de la gestion de projets, privilégiant le seul retour sur investissement financier.

Cette question de la mobilisation des capacités des populations n'est pas propre aux pays en voie de développement. En Europe, les professionnels qui tentent aujourd'hui de répondre aux situations de précarité énergétique, eux aussi le savent bien : pour être durable, une solution doit passer par une coconstruction mobilisant les capacités de la personne concernée, afin qu'elle puisse s'impliquer dans le projet.

De cette rapide évocation de problématiques rencontrées hors de France – qui mériteraient de longs développements – nous retiendrons une question de fond qui se pose à toute entreprise, quel que soit le territoire dans lequel elle souhaite inscrire son activité. Quelle est sa capacité à inscrire ses projets dans une logique de coproduction ? Est-elle ouverte à une possible mobilisation de tous les acteurs concernés, localement, aussi bien par le devenir écologique de notre planète que par l'avènement d'une plus grande justice sociale ? À l'émergence, donc, d'une économie locale, mobilisée au service de la génération de lien social au sein de la population d'un même territoire ?

Comment favoriser cette approche inclusive et locale de l'activité économique ? Il nous faut commencer par en analyser les freins.

Chapitre 4. Pourquoi nous n'arrivons pas à transformer l'essai

De nouveaux modèles économiques soucieux des impacts énergétiques et climatiques essaiment. L'essai, pourtant, est loin d'être transformé.

D'où vient cette difficulté à enclencher enfin cette transition écologique et énergétique ? Le défi majeur à relever est de se mettre d'accord collectivement sur une vision du changement à opérer. C'est en effet le manque de vision partagée qui produit de nombreuses inerties dans les entreprises, tant sur le plan institutionnel qu'individuel. C'est donc en partant des ressorts de la logique entrepreneuriale et managériale qui préside au fonctionnement actuel des entreprises qu'il sera possible de mieux mesurer le chemin restant à parcourir pour relier cette logique à une autre vision, à d'autres images communes. Et ainsi réussir sa nécessaire transformation. Ce qui conduira à analyser les blocages liés aux idées dominantes au sein du capitalisme actuel. Car toute la question est de savoir si, et comment, ces derniers peuvent être réorientés d'une manière favorable à la transition. Puis ce chapitre se terminera par l'analyse de deux attitudes – le détachement et la cohérence – qui pourraient favoriser cette métamorphose de notre appareil productif et de nos modes de vie. Les chapitres suivants (5 et 6) en donneront une déclinaison plus concrète.

Comprendre les logiques de l'entreprise

Les entrepreneurs et les dirigeants d'entreprise souffrent de ne pas être compris. C'est encore plus vrai en France que dans d'autres pays. Comme dans toutes les grandes histoires d'incompréhension, les responsabilités sont partagées. Essayons de comprendre la façon dont les dirigeants d'entreprise se représentent l'organisation dont ils ont la charge.

Les entrepreneurs voient un peu l'entreprise comme une baignoire sans bonde. L'enjeu, à leurs yeux, est de remplir plus vite la baignoire que l'eau n'en part. Mais il leur faut d'abord se rendre compte que l'eau s'évacue très vite, et surtout que rien ne peut l'empêcher de couler : impossible de faire un arrêt sur image, ou une pause pour réfléchir. Dès qu'une entreprise existe, les coûts se déclenchent : salaires, coûts de location des locaux, taxes, coûts d'achat des matières, etc. En revanche, malheureusement, l'eau courante pour remplir la baignoire n'est pas fournie. Il faut se battre tous les jours pour amener de l'eau, pour faire rentrer de l'argent. Et une immense proportion de petites et moyennes entreprises n'ont au début du mois ni l'argent nécessaire pour payer les salaires à la fin du mois ni la garantie d'avoir cet argent ! Ce qui met une énorme pression sur les épaules des dirigeants d'entreprise.

Pour des entreprises de taille plus importante, il y a bien entendu plus d'inertie : l'existence d'une base de clients davantage établie rend leurs dirigeants relativement confiants dans le fait que les choses ne vont pas s'arrêter brutalement d'un jour à l'autre. Ainsi, pas de risque pour Danone de ne vendre *aucun* yaourt dans le mois qui commence ; il en va de même pour Michelin ou General Electric quant à leurs produits respectifs.

Mais l'inertie joue dans les deux sens. Insensiblement, une activité bien établie peut devenir obsolète sans que les dirigeants n'aient vu venir le danger, ni compris les changements à effectuer, ou pris les mesures adéquates. Et une fois entamée une baisse des ventes, des marchés, de la rentabilité, il est souvent très compliqué et long d'inverser la tendance ; quand ce n'est pas déjà trop tard. Ce qui fonctionnait hier n'est pas sûr de fonctionner aujourd'hui et encore moins demain. Regardons ce que sont devenues des entreprises phares comme Kodak ou Nokia, pour ne prendre que deux exemples.

Kodak, société née en 1881 et devenue leader des appareils photo au XXe siècle, a été confrontée à la concurrence du numérique sans avoir su anticiper les transformations nécessaires. Elle est passée de 64 000 salariés au début des années 2000 à 17 000 en 2012, au moment où elle a déposé le bilan pour se mettre sous la protection du chapitre 11 de la loi américaine sur les faillites. En 2015, elle s'est finalement lancée dans la téléphonie mobile. Quant à Nokia, entreprise finlandaise productrice de téléphonie mobile, elle a connu une dégringolade allant jusqu'à la disparition de sa marque de téléphonie en 2014, alors qu'elle était encore en première place en 2011...

Nous vivons dans un monde volatil et incertain. Aussi les dirigeants d'entreprise sont-ils parfaitement conscients que s'ils se laissent un peu aller, s'ils se reposent un peu trop sur la dynamique déjà existante de l'entreprise, la baignoire va se vider de plus en plus vite, alors que dans le même temps le flux de remplissage, lui, va diminuer, puis se tarir. Maintenir le flux nécessite des trésors d'imagination, d'attention, d'énergie, de volonté, d'efforts, à mettre en œuvre en permanence pour comprendre comment le monde évolue et adapter l'entreprise à ces changements. Aussi ce stress, cette pression, cette obsession mobilisent-ils les états-majors des entreprises jour et – parfois – nuit, en vue d'ajuster en permanence le collectif « entreprise » dont ils ont la responsabilité. Pour s'assurer qu'ils pourront, de façon pérenne, continuer à remplir la baignoire plus vite que l'eau ne s'en écoulera.

Comme toutes les comparaisons, celle de la baignoire est évidemment simpliste et imparfaite, en particulier sur un point majeur : en effet, dans le cas de l'entreprise, contrairement à l'eau de la baignoire, l'argent ne s'arrête pas de « couler » quand il n'y en a plus ! Même quand il manque, l'argent continue de sortir de l'entreprise avec la même rapidité qu'avant, et c'est un drame et une source de désespérance pour de nombreux dirigeants confrontés à cette situation.

Si, collectivement, nous ne parvenons pas à comprendre combien tout cela peut être vraiment le lot commun et le quotidien de l'immense majorité des dirigeants d'entreprise, les interpellations, les critiques et les demandes qui leur sont adressées risquent fort de tomber à plat. Certes il sera toujours possible de continuer à exiger des entreprises de respecter les lois et de ne pas user de méthodes de bandits pour « remplir la baignoire » ou pour réduire le flux des dépenses. Mais nous, citoyens ou salariés, avons besoin, de la part des entreprises, de beaucoup plus que du simple respect, passif, d'un cadre réglementaire. Nous avons besoin que les entreprises s'engagent, qu'elles fassent usage de leur créativité et de leur force de frappe, qu'elles se compromettent en vue d'une meilleure inclusion économique et sociale des populations les plus défavorisées, pour contribuer résolument et efficacement à la transition écologique si impérative.

Si nous, citoyens ou salariés, demandons, aujourd'hui, à une entreprise de faire des « efforts » en vue d'une transition écologique au service d'une société plus juste, ses dirigeants calculeront immédiatement comment cela va augmenter leurs dépenses, ou réduire les revenus : pas exactement ce dont ils ont besoin ! Certes les dirigeants les plus ouverts ou les plus conscients du monde qui les entoure acceptent de faire ce type d'« efforts ». Mais leurs « efforts » resteront marginaux au regard de cette nécessité première, fondamentale, qui est aujourd'hui la leur : réduire les coûts de leur entreprise et augmenter ses rentrées de fonds. Et le jour où la situation se détériorera, ces efforts ne pourront alors qu'être reportés à des jours meilleurs.

Tant que nous aborderons le rôle de l'entreprise dans le processus de transition écologique comme un « effort » à faire en plus de son activité quotidienne, nous resterons donc probablement à côté du sujet, ou, du moins, nous ne parviendrons pas à mobiliser la force de frappe nécessaire.

La question de la croissance

Un autre enjeu clé est celui de la croissance. L'alpha et l'oméga pour les États mais aussi pour toute entreprise. C'est là probablement quelque chose d'intrinsèque à la forme de capitalisme dans laquelle nous sommes insérés (courir vers le « toujours plus » : plus d'optimisation, plus de profit, etc.) mais aussi la conséquence d'un monde volatil où la stabilité n'existe pas. Et dès lors que l'instabilité s'installe, il n'y a plus que croissance, ou décroissance. Mais très vite, pour une entreprise, la décroissance signifie la mort. C'est pourquoi cadres et dirigeants d'entreprise sont obsédés par la nécessité de créer les conditions de la croissance.

L'évaluation des marchés et les cours de bourse se calent d'ailleurs sur le même critère, pouvant faire largement progresser le prix des actions de sociétés en forte croissante quoique en déficit, mais sanctionnant des sociétés qui, bien que réalisant des profits, sont à des niveaux de croissance décevants. Amazon, par exemple, créée en 1994, a vu son cours multiplié par plus de 250 depuis son introduction en bourse en 1997, bien que les profits aient été très limités (et bien souvent négatifs). Mais sa croissance est impressionnante : l'entreprise est passée d'un chiffre d'affaires de 150 millions de dollars au moment de la première cotation du titre à plus de 74 000 millions de dollars en 2014.

Dans la très grande majorité des cas, croissance veut dire aussi « plus de quantités », « plus d'énergie », « plus de matières premières ». Y a-t-il un moyen de rendre cette inflation compatible avec l'exigence fondamentale de décroissance des émissions de gaz à effet de serre, de nos consommations d'énergie et de matières premières ? Et comment ? Nous avons besoin de créativité pour définir une telle vision, pour la rendre crédible, y compris au regard des enjeux de l'entreprise, et pour la mettre en œuvre. Pour y parvenir, ne faut-il pas impérativement chercher d'autres modèles de développement de l'entreprise ?

Nos entreprises sont là pour fabriquer des biens et fournir des services utiles. Elles le font grâce à des investissements qui leur permettent de produire, de payer leurs salariés, de financer différents coûts, etc. L'impératif de croissance qui accompagne ce modèle a fonctionné, jusqu'à maintenant, comme l'exigence de capter de plus en plus de revenus et de générer des flux de plus en plus importants. Les chapitres précédents nous l'ont montré : un tel modèle nous confronte aux limites de notre planète. Force est, en effet, de reconnaître les difficultés liées à un modèle économique déjà qualifié de « spoliateur » par le géographe et économiste allemand Ernst Friedrich en 1904 (il analyse la *Raubwirtschaft* capitaliste [1]), et de « destructeur » par le géographe français Jean Brunhes en 1910 [2]. Car nous disposons aujourd'hui de tous les éléments pour pouvoir dire que de tels modèles sont insoutenables et créent des dommages irréversibles pour les générations futures. Mais la colonisation de nos esprits par le vocabulaire de la croissance, en vue d'une production et d'une consommation sans cesse augmentées, se révèle être mortifère.

Les enjeux énergétiques nous acculent à scruter nos modèles économiques et à analyser le mal à la racine. Prenons la question de la croissance du PIB, devenue le dogme de nos économies. À deux égards, cette conception doit être révisée, puisque son maintien – en l'état actuel de la définition du PIB et d'une croissance basée sur l'augmentation des quantités produites – est aussi impossible qu'insoutenable.

D'un côté, l'importance historique du facteur énergétique dans la croissance économique, mise en évidence par différents économistes [3],

1. Littéralement, « l'économie de voleurs ». Ernst Friedrich emploie cette notion métaphorique dans « Wesen undgeographische Verbreitung der Raubwirtschaftt », *Petermanns Mitteilungen*, vol. 50, 1904.

2. Jean Brunhes, *La Géographie humaine. Essai de classification positive. Principes et exemples*, Paris, Alcan, 1910.

3. Par exemple, Gaël Giraud et d'autres chercheurs du laboratoire The Shift Project ont montré que l'augmentation du PIB par habitant et par an dans les pays de l'OCDE depuis soixante-dix ans a dépendu aux deux tiers de l'augmentation de la consommation énergétique par habitant.

montre l'urgente nécessité d'envisager un nouveau modèle économique fondé sur une très faible croissance des quantités produites dès lors que s'estompera définitivement la perspective de disposer durablement d'énergies fossiles bon marché, en laquelle nous voudrions croire depuis la forte baisse des prix du pétrole amorcée à l'été 2014. De l'autre, selon certains experts en « budget carbone » de notre planète, la grande question est celle qui sous-tend la notion du « carbone imbrûlable » : pour limiter à 2 °C l'élévation de la température à l'échelle de la planète, il nous faudrait laisser dans le sous-sol planétaire les quatre cinquièmes des réserves identifiées de ces mêmes énergies fossiles. Par conséquent, poursuivre dans notre logique de croissance actuelle – et, partant, décider de continuer à extraire toutes les énergies fossiles disponibles pour satisfaire nos besoins immédiats de croissance – équivaut à choisir de ne pas prendre en compte la qualité de vie des générations futures, au nom de nos propres intérêts.

Pour sortir de cette double impasse, il va nous falloir inventer, de toute urgence, les moyens d'une autre prospérité, créatrice d'emplois, mais assise sur une autre conception du développement social.

Notre pratique habituelle du discernement collectif ne semble pas suffisante pour identifier les moyens de transformer nos institutions et nos organisations. En effet, pour éviter de faire couler toujours plus d'eau, alors même que le progrès technique permet d'en utiliser un peu moins (argent et matières premières) pour chaque unité produite, il nous faut d'abord décider que la qualité de l'eau de la baignoire a beaucoup plus d'importance que l'ampleur du flux qui s'en écoule ! Il nous faut chercher la meilleure manière d'intégrer à nos tableaux de bord la qualité des revenus nécessaires aux opérations de nos entreprises.

Il s'agit donc pour l'entreprise d'apprendre à internaliser ses externalités négatives. C'est-à-dire valoriser, dans sa production d'un bien, le coût des dommages directs et indirects causés ce faisant à des personnes et à l'environnement. Il s'agit encore pour elle de prendre en compte la rareté des denrées qu'elle utilise et d'essayer de produire avec moins de matière, pour plus longtemps. Il s'agit aussi, collectivement, de lutter contre cet effet rebond[4] qui conduit à transformer les économies réalisées grâce aux gains de productivité des entreprises en toujours plus de croissance quantitative des consommations individuelles. Changeons donc nos critères et mesurons notre richesse collective autrement !

4. Voir chapitre 2.

La réflexion actuelle sur la croissance qualitative est à cet égard très inspirante. Conçue sous l'angle de sa contribution à des modèles soutenables, en termes de production, de consommation et de style de vie, une croissance qualitative suppose la révision des circuits productifs pour aboutir à « une croissance faible de la production/consommation de chaque matière concernée[5] » ; en fin de vie de produit, la récupération possible « dans les déchets, d'au moins 80 % des quantités consommées de chaque matériau ; et un recyclage effectif de plus de 60 %, voire 80 %, de ces déchets[6] ». Ce qui conduit à faire de la sobriété une dimension incontournable du succès d'une telle logique, qu'elle résulte de la saturation de la consommation, de la lutte contre le gaspillage et l'obsolescence programmée, ou de la réduction volontaire de ses choix de consommation, de déplacement, de vie quotidienne. Autant dire que cette perspective est éloignée du modèle qui consiste à créer des baignoires de plus en plus grandes censées nécessiter de plus en plus d'eau pour améliorer les conditions de vie de plus en plus de personnes.

Mais il nous faut aussi le souligner : l'éloge de la sobriété n'est pas encore intégré à la doxa de la réussite économique ! Toutefois il ne s'agit pas pour autant d'attribuer à telle ou telle catégorie d'acteurs les raisons de cet état de fait. Il n'y a pas lieu, en particulier, de diaboliser les entreprises multinationales en les présentant de façon caricaturale comme étant les seules sources des dysfonctionnements au long cours de nos modèles productifs et de nos modes de vie. Mais, simultanément, il serait tout aussi faux de dire que le fonctionnement des grands groupes financiers et industriels ne participe pas de l'expression de rapports de force et de divergences d'intérêts qui bloquent de différentes manières l'avènement de normes et de comportements nouveaux. Diverses recherches ont ainsi montré le rôle des « marchands de doute[7] », scientifiques et industriels, pour différer des politiques publiques favorisant la lutte contre le réchauffement climatique. De même, les négociations entre États d'accords commerciaux bilatéraux, régionaux et internationaux

---

5. François Grosse, « La croissance quasi circulaire. Une approche pragmatique de la gestion durable des ressources matérielles non renouvelables », *Futuribles*, n° 403, novembre 2014, p. 59-72.

6. *Ibid.*

7. Naomi Oreskes et Erik M. Conway, *Merchants of Doubt: How a Handful of Scientists obscured the Truth on Issues from Tobacco Smoke to Global Warming*, New York, Bloomsbury Press, 2010. Traduction française : *Les Marchands de doute*, Paris, Le Pommier, 2012.

manifestent le plus souvent la prééminence des intérêts économiques et militaires sur les principes d'équité, de durabilité, voire de frugalité...

Parce que notre modèle laisse ouverte la porte à certaines déviances – voire pousse structurellement à ces déviances –, il nous faut le corriger avec le sérieux et la puissance nécessaires. Ce qui passe, dans nos imaginaires, par un changement de modèle, une attention à la qualité des revenus obtenus et une valorisation de la rareté des ressources, tant matières premières qu'énergie. Pour y parvenir, il nous faut donc aller encore un peu plus loin dans l'analyse des blocages que nous rencontrons, collectivement, sur la route du changement. Pour mieux identifier les leviers dont disposent déjà les responsables en entreprise, et ainsi les inciter à les développer et à en renforcer l'utilisation.

Au sein de nos sociétés, des blocages qui viennent de loin

Notre modèle économique – symbolisé par la croissance continue des chiffres d'affaires et des quantités produites par nos entreprises – est né grâce aux évolutions scientifiques et techniques, dans un monde soucieux de défendre les droits et libertés individuels et privés, où le développement de la propriété privée est devenu peu à peu un marqueur identitaire. Ce libéralisme à la fois économique et politique a été confronté à une critique externe, dont les régimes communistes furent l'illustration. L'opposition au communisme a pu susciter à rebours une approche idéologique n'acceptant ni l'interrogation ni le regard critique.

De fait, il est paradoxal de voir combien de gens, parmi les plus engagés dans l'entreprise ou parmi ceux qui font le plus profession de croire aux vertus de l'entreprise, développent un prosélytisme en faveur d'une vision de l'entreprise close sur elle-même. Comment peut-on à la fois affirmer si fortement une confiance illimitée en la puissance de l'entreprise, en sa capacité à transformer le monde (puisque c'est de là que partent les critiques les plus acérées sur l'inefficacité de l'État, des services publics et sur le manque de légitimité de la société civile), et refuser à un regard extérieur toute légitimité pour évaluer son impact sur la société ? Combien de cadres et de dirigeants – pourtant capables de s'intéresser au monde, capables d'engagements altruistes importants, et faisant montre d'une éthique personnelle irréprochable dans leur vie privée – sont habités par la croyance indéracinable que, dès lors que nous entrons dans le champ de l'entreprise, la question du rapport à l'autre et du rapport au monde n'est plus qu'une question de rapport de force et de domination ? Convaincus qu'économie et morale sont deux champs disjoints, comme entreprise et impact sur la société.

Nous abordons ici une forme de « croyance », la même qui fait que seuls 40 % des Américains (et 20 % des sympathisants du Parti républicain aux États-Unis) « croient » qu'il y a un réchauffement climatique et que ce réchauffement est d'origine humaine[8]. Comme si nous étions dans le registre de la religion plutôt que celui de la compréhension scientifique. Il semble aux auteurs, au contraire, qu'être entrepreneur c'est vouloir participer à la transformation du monde ; que celui qui n'a en tête que de « faire de l'argent » sans regard pour son activité et son impact sur le monde est un affairiste, et non un entrepreneur. Et que ce sont là deux vocations complètement différentes, dont une seule peut privilégier cette prise en compte d'un bien commun qui nous motive et dont nous avons besoin.

Néanmoins, la tendance à la classification hâtive demeure forte. Et il résulte de cet *habitus* un déni de la présence de « maux structurels » ou d'« institutions malveillantes » au cœur du fonctionnement de nos organisations sociales. Il n'est donc pas surprenant que ces expressions ne soient pas utilisées telles quelles pour en rendre compte ; mais il est cependant très frappant de constater l'incapacité collective dans laquelle nous nous trouvons à identifier et/ou verbaliser une corrélation entre la gravité des problèmes sociétaux que nous rencontrons et des défaillances majeures de nos institutions. Pourtant, les entreprises ne peuvent être exonérées d'une réflexion à ce sujet, en ce qui concerne aussi bien leurs modèles de gouvernance, leurs stratégies et leurs méthodes de management, que les problèmes sectoriels ou locaux liés à leurs activités propres.

Des ambiguïtés aux sources mêmes de la pensée libérale

À cet égard, les principes libéraux et les sources morales de la pensée libérale, ou au moins certaines d'entre elles, ne nous aident pas toujours, comme citoyens et comme consommateurs ou producteurs, à transformer nos visions et nos pratiques.

Il ne s'agit pas, du moins en ce qui concerne les auteurs, de contester les contributions de la révolution industrielle et des innovations réalisées par des entrepreneurs créatifs et habiles à l'amélioration des conditions de vie d'un grand nombre d'habitants, ou encore la façon dont les sciences et

8. Naomi Klein, *Tout peut changer. Capitalisme et changement climatique*, Arles, Actes Sud, 2015.

techniques ont contribué à favoriser une conscience des interconnexions entre les êtres humains d'un bout à l'autre de la planète. Mais la pensée libérale a mis l'accent sur l'autonomie humaine, sur sa puissance et sa maîtrise, jusqu'à nous faire oublier ce que nous recevons les uns des autres, ainsi que ce que nous recevons, gratuitement, de notre milieu naturel. Nous faire oublier aussi que nous appartenons nous-mêmes à la nature ; et que nous ne pouvons donc pas simplement la considérer comme une ressource dans laquelle puiser sans fin, au risque de la détruire. De même, l'évolution de la théorie économique libérale a hypertrophié la sphère du marché, cete dernière contribuant à imprégner nos représentations collectives, et donc nos décisions privées et nos choix publics.

Nos sociétés libérales sont marquées par le refus du conflit violent, le souci des procédures de dialogue et l'horizon d'un dépassement des difficultés par le consensus. Ces valeurs sont, bien sûr, fondamentales et à la base de tout vivre-ensemble : elles expriment une défense des droits et libertés individuels et de la pluralité des conceptions du bien. Mais elles ne suffisent pas à garantir les droits de tous. Elles peuvent laisser prospérer des inégalités et des injustices insoutenables, en manquant de l'attention élémentaire à ceux dont la voix est trop faible, dans le cas de minorités qui peuvent avoir du mal à se faire entendre, comme à ceux qui n'ont pas les compétences pour participer à armes égales à des négociations, ou qui sont sans voix. En ce sens, on voit là les limites de la perspective « contractualiste » défendue par des théoriciens de la justice, tel le philosophe John Rawls[9].

En effet, les conceptions héritières du contrat social, dans la ligne de Rousseau et des théoriciens du contrat jusqu'à Rawls, articulent très étroitement deux questions : Qui définit les principes de justice ? Et pour qui ces principes sont-ils définis ? Leurs réponses à ces questions comprennent exclusivement les personnes à la fois libres, rationnelles, égales et indépendantes. Par conséquent, de telles perspectives ont du mal à laisser place à une conception qui reconnaisse que des personnes ayant un handicap mental, par exemple, puissent être sujets de droit. Elles masquent également le lien de subordination entre employeur et employé, qui inscrit dans le droit l'inégalité entre les uns et les autres. De ce point de vue, il faut donc proposer une conception du contrat social autre que celle d'une « coopération en vue d'un avantage mutuel[10] »

9. John Rawls, *Théorie de la justice* (1971), Paris, Le Seuil, 1987.
10. *Ibid.*

entre personnes égales et rationnelles : il s'agit, dans la ligne de la perspective développée par la philosophe Martha Nussbaum, de souligner que le contrat doit être pensé entre personnes interdépendantes en vue d'assurer les conditions de la dignité de chacun, en prenant en compte ceux qui souffrent d'un handicap, ceux qui sont victimes de rapports de force conduisant à leur exploitation et à l'apparition de nouvelles formes d'esclavage, et ceux qui sont affectés passivement par nos décisions, aujourd'hui et demain, en particulier les générations futures [11].

L'expérience de recherche menée par l'un des auteurs, ces dernières années, notamment au Nigeria autour des effets de l'industrie pétrolière, montre que les progrès faits par les entreprises en matière de dialogue avec les parties prenantes ne doivent pas occulter les immenses résistances que ces mêmes entreprises opposent dès lors qu'il est question des conditions d'un juste partage de la richesse créée, et d'une réelle inscription du long terme dans les décisions gestionnaires. Certes, pour ce qui concerne les pétroliers dans le delta du Niger, des consultations sont organisées par les entreprises en vue de préparer les négociations des accords à l'amiable qu'elles passent avec les représentants des villageois. Mais le tour de table en est le plus souvent déjà fixé à l'avance, faisant le jeu des élites locales, des « *benefit captors* » ; et rien n'est alors mis en œuvre pour tenter de faire droit aux intérêts durables des plus vulnérables. Car ce qui domine est la peur de déstabiliser un édifice précaire. Dès lors, au fond, aucune perspective de transformation réelle ne peut advenir.

Sans doute faut-il reconnaître que les pétroliers seuls ne peuvent pas grand-chose. Et que le Nigeria est sûrement un pays dans lequel les cercles vicieux se sont enracinés à une profondeur inégalée... Mais apparaît alors bien l'insuffisance patente – quand ce n'est l'hypocrisie – d'un discours d'entreprise sur la responsabilité sociétale de l'entreprise qui demeure finalement inféodé aux exigences d'une production pétrolière à poursuivre coûte que coûte et qui ne contribue pas au développement humain des populations. Au risque d'une certaine violence à l'égard des populations et d'une dégradation irréversible de l'environnement.

Interrogeons également le passé de pays démocratiques sur notre capacité collective à préférer le statu quo à la nécessaire justice, au

11. Martha C. Nussbaum, *Frontiers of Justice: Disability, Nationality, Species Membership*, Cambridge, Harvard University Press, 2007.

point d'en être comme aveuglés [12] : demandons-nous quelles avancées sociales y ont eu lieu, sinon sans violence, du moins sans mouvement social intense, par le seul dialogue... La plupart ont été obtenues au prix de luttes et de combats, de mobilisations et d'engagements passionnés [13]. Y compris dans nos démocraties libérales.

La prédominance de l'objectif de la croissance la plus forte possible, telle que nous venons de la décrire avec l'image de la baignoire, fait également difficulté quand un tel objectif est conçu à la fois comme une obligation économique et comme une attitude morale. Ainsi en est-il dans la perspective de Jérémie Bentham, père de l'utilitarisme, pour qui il y a lieu de procurer « le plus grand bonheur pour le plus grand nombre [14] ». Pour cette ligne de pensée, ce bonheur – devenu dans les sociétés modernes synonyme d'augmentation de la propriété privée et de la consommation de biens matériels – serait accessible selon une logique « gagnant-gagnant » puisque c'est en cherchant à maximiser mon utilité, mon bien-être personnel, que je contribuerai au bien-être global, ou moyen, de la société dans laquelle je me trouve.

Cette perspective a été critiquée, dès le XIXe siècle, par des philosophes se réclamant d'une autre conception utilitariste. Tel John Stuart Mill [15], qui dénonce la focalisation sur le bien-être matériel – tout en visant une éradication de la misère – et plaide pour le développement d'autres ressources, intellectuelles, spirituelles ou relationnelles, afin de contribuer à l'amélioration de la vie sociale. Il souligne le caractère sacrificiel d'une augmentation de la richesse produite si elle ne prend pas en compte la question des inégalités engendrées par cette création de richesse. Dénonçant l'illusion d'une quête égoïste de son propre bien-être, censée contribuer à la prospérité collective, il invite à une éducation altruiste qui amène chacun à trouver son bonheur dans la participation à un bonheur commun.

12. Les travaux sur les biais comportementaux du prix Nobel d'économie Daniel Kahneman montrent notre propension à considérer l'existant comme légitime (biais de statu quo).

13. Que l'on pense à la marche du sel de Gandhi, à la mobilisation des médias avec la population au Chili pour faire tomber Pinochet, au mouvement des droits civiques sous l'impulsion de Luther King, mais aussi aux grèves ouvrières en France pour la journée de huit heures, les congés payés

14. Jérémie Bentham, *Déontologie, ou science de la morale* (1834), Paris, Encre marine, 2006.

15. John Stuart Mill, *L'Utilitarisme. Essai sur Bentham* (1861), Paris, PUF.

Nous avons donc eu tendance à oublier qu'il existe différentes façons de concevoir les libertés individuelles en référence à des biens communs et que les conceptions promues par certains penseurs libéraux du XIXe siècle, comme Mill, entendaient conjuguer le déploiement des capacités personnelles avec le souci du bien de tous et l'équité sociale. En matière d'économie, nous avons également donné la prééminence à la raison technoscientifique et gestionnaire, et instauré le règne de la décision adossée à une logique utilitariste calculant en termes de coûts-avantages. Calcul dont le principe même ne permet pas d'identifier les impasses pour les plus faibles auxquelles peuvent conduire de telles prises de décision, dès lors que le poids des avantages à court terme attendus pour un plus grand nombre l'emporte. La confiance absolue que nous plaçons dans les sciences et techniques va également de pair avec une critique du principe de précaution, accusé de brider les initiatives innovantes. Elle est aussi liée à la défense d'une conception faible de la durabilité, imaginant que les prouesses de la technique – mise au service de l'écologie – permettraient de résoudre les problèmes que pose la baisse du niveau des services écologiques rendus par les écosystèmes à la planète.

Des entreprises en proie aux contradictions

Rien de surprenant, dans un tel contexte culturel, à ce que les entreprises prennent rarement en compte, de façon structurelle et organique, la nécessaire transformation de la logique dominante.

Refus de toute réglementation contraignante, ou peur du changement ?

Bien souvent, des cadres dirigeants peuvent faire des choix d'orientation qui n'ont pas de sens au regard des enjeux écologiques et énergétiques, et qui pourraient être différents ; de telles décisions sont parfois prises alors même que les choix alternatifs plus responsables n'étaient pas forcément plus coûteux. Quelques exemples particuliers illustrent ces mécanismes.

Dans l'industrie du matériel électrique, on utilise un gaz pour fournir des appareils électriques moyenne et haute tension très compacts : l'hexafluorure de soufre (SF_6), qui est un excellent isolant électrique, bien meilleur que l'air ou le vide. Ce gaz, qui a donc bien des qualités, a malheureusement un gros défaut : en termes d'effet de serre, 1 kg de SF_6 relâché dans l'atmosphère a un impact équivalent à celui de 22,4 tonnes de CO_2.

En 2012, le Parlement européen a envisagé de légiférer pour limiter, ou au minimum taxer, l'utilisation de ce gaz pour l'appareillage moyenne tension. L'association européenne des constructeurs de matériel électrique – constituée de membres aussi respectables qu'ABB, Siemens, Alstom ou Schneider – est immédiatement montée au créneau pour bloquer toute tentative en ce sens. Avec succès d'ailleurs, les arguments employés étant la préservation de l'emploi pour ces entreprises et les usines de production associées.

Pourtant, les solutions alternatives au SF_6 existaient déjà en moyenne tension, et les constructeurs européens en question étaient probablement parmi les plus avancés au monde sur les solutions alternatives en haute tension. Des cadres, des responsables d'entreprise un tout petit peu plus visionnaires auraient accompagné le projet de loi en essayant d'obtenir le délai nécessaire pour transformer leurs usines, produire les solutions alternatives et accessoirement en faire un levier pour être les premiers sur le marché avec ces solutions de remplacement.

Prenons un autre exemple. Depuis 2010, aux États-Unis, les dirigeants de sociétés cotées en bourse peuvent financer les campagnes électorales, soutenir des candidats, *via* des comités d'action politique, appelés « Super PAC ». Et lors des élections de 2012 au Sénat américain, des entreprises comme Lafarge ou GDF-Suez [16] ont massivement soutenu des candidats républicains climato-sceptiques opposés à toute régulation des gaz à effet de serre (17 des candidats soutenus par Lafarge sur 23, 22 des candidats soutenus par GDF-Suez sur 33 [17]). La raison en était probablement toute simple : ces candidats étiquetés « pro-business » s'engageaient à ne faire peser aucune contrainte sur les entreprises. Alors même qu'il n'est pas sûr que Lafarge et GDF-Suez ne puissent pas au contraire trouver un meilleur développement dans un univers plus contraint, où leurs capacités de recherche et développement (R&D) et de différenciation technique devraient les démarquer de leurs concurrents.

C'est donc la peur du déséquilibre, de la nouveauté, de la remise en cause de l'activité de certaines usines, ou du chemin à parcourir qui amènent les entreprises à ce type de positions. Et sur ces sujets, il peut arriver que les syndicats soient exactement sur la même longueur d'onde

16. Devenus aujourd'hui respectivement LafargeHolcim et Engie.

17. Olivier Petitjean, « Ces groupes français qui aimeraient se débarrasser d'Obama et financent l'ultra-droite américaine », www.bastamag.net, 5 novembre 2012. Voir aussi François Schott citant un rapport du Réseau action climat, « Lafarge et GDF Suez financent les climato-sceptiques américains », www.easybourse.com, 26 octobre 2010.

que les directions. Voire sur une ligne encore plus forte, dans la mesure où la pérennité de l'emploi est un objectif absolument premier pour eux. Et l'on peut comprendre qu'ils aient beaucoup de mal à l'idée de ce qui leur paraît lâcher la proie pour l'ombre, sans avoir la main, au contraire des directions d'entreprise, sur les changements à mettre en œuvre. C'est là que l'on voit aussi toute l'importance de développer un vrai dialogue social sur la stratégie de l'entreprise et ses mutations à court, moyen et long terme pour pouvoir faire face aux défis de la réduction drastique des émissions de GES.

Mais derrière de tels comportements, défensifs et peu responsables, se trouve aussi la conviction selon laquelle une entreprise se portera toujours mieux en l'absence de toute contrainte extérieure. Ce qui est évidemment un non-sens pour ce qui concerne l'impact de l'activité d'une entreprise sur la société, et peut s'avérer également une erreur pour le développement même de l'entreprise.

Résister au changement ou choisir son avenir ?

La peur de changer, de se remettre en cause, de perdre une position avantageuse, voire une rente, est parmi les freins les plus puissants à la transition. Comme toujours, ce sont les acteurs les mieux positionnés dans la situation actuelle qui ont, du moins à toute première vue, le plus à perdre. Car qui dit changement dit cartes rebattues. Une position bien installée couplée à un manque de confiance dans les capacités de remise en question et d'adaptabilité de son entreprise, un *top management* plus concentré sur le court terme que sur le long terme sont donc potentiellement autant de facteurs qui vont influer sur un renfermement de l'entreprise sur son passé, un repli sur ce qui lui a permis d'être ce qu'elle est. Mais ce n'est évidemment pas cela qui va conduire l'entreprise vers son futur. Comment permettre à cette élite de lâcher prise et de se laisser déplacer pour faire l'expérience qu'elle gagnera autrement et mieux ? Un tel exemple est fourni par la décision prise par Dan Price, PDG d'une start-up de Seattle, en avril 2015, d'élever la rémunération de tous ses employés à un salaire minimal de 70 000 dollars par an et de diviser le sien par 14, le faisant passer de 1 million à 70 000 dollars par an ; le jeune patron de 30 ans a justifié son geste par le caractère excessif de son propre salaire et la volonté de susciter un débat sur les inégalités salariales aux États-Unis.

D'un autre côté, beaucoup de jeunes diplômés à fort potentiel portent au plus profond d'eux-mêmes la question de la transition écologique et aspirent à donner du sens à leur vie professionnelle. Pourquoi les entreprises ne pourraient-elles pas, par exemple, incorporer un de ces jeunes diplômés (et, bien entendu, d'autres moins jeunes, s'ils sont partants !) – voire pour les plus grandes, une petite équipe – pour aider à transformer leurs pratiques, à interroger leurs modèles de business, et repérer les évolutions nécessaires de leurs produits ? Au management de voir comment introduire et faire de la place à une telle force de changement, pour que la « mayonnaise » prenne avec les fonctions traditionnelles de marketing, achats, R&D de l'entreprise. Ce serait aussi à cette équipe de savoir entendre les sujets de préoccupation des différentes fonctions de l'entreprise pour découvrir comment y répondre sur des échéances de temps variables dépassant le court terme.

Des freins également chez les salariés

Les freins au changement observés dans l'entreprise s'enracinent également dans les choix comportementaux de ses salariés, en grande partie imprégnés, plus ou moins consciemment, par des valeurs très souvent héritées de leur éducation. Mais pas seulement.

Une éducation au conformisme ou à l'esprit critique ?

Souvent ambiguë quant à ses finalités, l'éducation aux valeurs est insuffisante. Par exemple, en visitant une université renommée du sud de l'Inde, animée par une congrégation religieuse experte en pédagogie et en action sociale, l'un des auteurs de cet ouvrage a été frappé par le mot d'ordre affiché : « *Ethics and excellence* ». Ce slogan permettait à l'institution de justifier qu'elle assure également des formations permanentes lucratives visant les cadres dirigeants de grandes entreprises présentes dans le pays, sans remettre en cause les rouages des modèles économiques en place, ni promouvoir une analyse des racines des injustices. L'échange avec le responsable de l'université a cependant permis de convenir que le souci de l'excellence professionnelle et académique n'est en rien le gage d'une éthique à même de transformer des structures perverses.

Un tel exemple est typique des ambivalences collectives des milieux éduqués. Nous aimerions bien que tout se passe effectivement selon la logique « gagnant-gagnant ». Mais au fond nous savons bien que ce n'est qu'illusion, si l'action entreprise l'est au prix du sacrifice de nos propres idéaux et du bien de beaucoup d'autres, aujourd'hui et demain.

Au niveau personnel, une personne est d'autant moins critique vis-à-vis de son organisation et des institutions qu'elle en profite elle-même par le revenu, par des avantages divers ou par une reconnaissance sociale. Ou encore lorsqu'elle y a des perspectives de carrière et d'avenir, fondées le plus souvent sur l'espérance de gravir les échelons, de manière « stratégique ». Insistons particulièrement sur le rôle délétère que jouent les niveaux de rémunération et les avantages matériels pour faire taire les contestataires ou affaiblir leur prise de parole. Certaines personnes rencontrées reconnaissent, en « *off* », le fil à la patte que représente l'endettement pour s'acheter un logement qui permette d'élever les enfants dans de bonnes conditions, ou encore l'habitude d'un certain confort en termes de style de vie. Plus les écarts de salaire sont grands, plus les personnes en responsabilité sentent qu'une rémunération identique ne se retrouvera pas facilement ailleurs, et plus la tentation est grande d'adhérer au système.

Parmi les exemples frappants dont nous pouvons témoigner, retenons juste celui de jeunes cadres européens expatriés au Nigeria qui, comparant leurs niveaux de rémunération avec ceux de techniciens pétroliers nigérians, se plaignaient du fait qu'en additionnant les indemnités négociées par ces derniers (via leurs syndicats), leurs niveaux de revenu étaient équivalents (à hauteur de 15 000 euros par mois)... Alors même que la visite du logement de leur chauffeur, salarié d'un sous-traitant permanent de Total, leur aurait fait découvrir, dans les faubourgs de Port Harcourt, deux pièces insalubres pour sa femme, leurs huit enfants et lui-même, qui devait se contenter d'un salaire à peine supérieur au smic nigérian (c'est-à-dire 90 euros par mois)... Comment une société où existent de telles disparités pourrait-elle être durable ? Et devons-nous considérer que de tels niveaux de rémunération, aussi bien pour des expatriés que pour des salariés nationaux de multinationales, sont légitimes ?

Quel rôle pour la peur et l'isolement en entreprise ?

Pourquoi n'arrive-t-on donc pas à aller plus loin, de façon à transformer ces structures injustes ? Plusieurs facteurs interviennent, notamment le sentiment, pour certains salariés, d'avoir pour cela à prendre des risques vis-à-vis de l'environnement, mais aussi vis-à-vis de leur propre carrière. Au Nigeria, l'incapacité à remettre en cause un modèle d'exploitation pétrolière, source de croissance pendant des décennies, est très palpable chez certains ; chez d'autres, une comparaison légèrement favorable à leur entreprise par rapport à leurs concurrents immédiats suffit pour choisir de ne pas se poser davantage de questions... Et quand, de façon générale, le management de l'entreprise ne paraît pas désireux d'aller plus avant dans l'analyse des causes des problèmes et dans leur résolution, ceux qui semblent s'en préoccuper, à titre individuel, se trouvent contraints de mettre en œuvre des micro-décisions, faute de pouvoir influer sur les processus de prise de décision au niveau plus global de l'entreprise.

L'isolement fréquent de ceux qui contestent les règles existantes – formelles ou implicites –, voire leur « mise au placard », accroît la complexité de la question. Quelle est la meilleure stratégie à adopter pour contribuer à changer les choses ? Quels compromis accepter et comment résister et agir pour ne pas perdre son âme ? La question se pose donc de savoir s'il faut jouer le « jeu », jusqu'à un certain point, pour arriver à faire bouger les lignes. C'est la position de certains dirigeants qui se voient sur « la ligne de crête » [18]. Mais alors, quels critères se donner pour ne pas être autiste, schizophrène, voire complètement écartelé ? Jusqu'où faut-il donner des gages de sa fidélité au système quand le diagnostic au long cours critique radicalement les impasses auxquelles mènent les règles du jeu actuelles ? La peur pour soi et pour ses proches, le souci vis-à-vis de ceux dont on a la charge, la pression sociale et le conformisme, etc., tous ces éléments se conjuguent pour freiner les prises de risque et adopter un « profil bas ». À cela s'ajoute la lenteur des transformations chez ceux qui prennent peu à peu conscience qu'ils sont piégés par le système auquel ils ont adhéré (dans le domaine financier, par exemple) ; par là s'observent le formatage des élites et le difficile déchiffrage des impasses dans lesquelles nous sommes engagés.

Au fond, derrière ces ambiguïtés, se lisent bien la faiblesse de la volonté individuelle et collective, le manque de présence à soi, d'intériorité, de force intérieure et de courage moral [19]. Car une conception morale utilitariste dans la ligne de Bentham – c'est-à-dire centrée sur la maximisation de la taille du gâteau collectif – s'avère aujourd'hui insuffisante pour changer de perspective. Il est en effet frappant de constater, à la lecture de philosophes moralistes inscrits dans de tels courants de pensée, combien ces derniers, réfléchissant aux défis

---

18. Tel Emmanuel Faber, à la tête du groupe Danone depuis 2014. Voir Emmanuel Faber, *Chemins de traverse. Vivre l'économie autrement*, Paris, Albin Michel, 2011.

19. Voir Michel Terestchenko, *Un si fragile vernis d'humanité. Banalité du mal, banalité du bien*, Paris, La Découverte, 2005.

posés par la transition énergétique, favorisent l'ouverture à d'autres traditions qui mettent l'accent sur l'apprentissage des vertus individuelles et collectives[20].

Le détachement comme moteur et levier pour le changement

Le plus beau moteur pour des entrepreneurs et des dirigeants d'entreprise est la conviction de défricher des terres nouvelles, de contribuer à changer le monde, de répondre d'une façon économiquement soutenable à des besoins pérennes.

Le deuxième moteur pour l'entreprise est de préférer prendre part à un changement, voire l'initier, plutôt que de le subir. Bien sûr, en étant un initiateur, il y a plus de risques de payer les pots cassés ; mais en ne faisant que suivre, l'entreprise risque aussi de perdre sa différenciation et sa légitimité, de se contenter de courir derrière des concurrents, voire de devenir une pâle copie de nouveaux acteurs.

La gravité et l'urgence de la situation commencent peut-être à nous permettre de dépasser les postures convenues. À cet égard, les prises de position alarmistes de dirigeants comme l'ancien secrétaire d'État au Trésor américain, Henry Paulson, en juin 2014, aux États-Unis, puis en janvier 2015 lors du sommet de Davos, sur les enjeux du changement climatique et l'aveuglement actuel de bon nombre de décideurs, sont significatives[21].

Nous détaillerons, dans les deux prochains chapitres, différents leviers qu'il est possible d'actionner, au niveau du management et de la stratégie des entreprises, comme au niveau structurel et réglementaire, pour contribuer à une transformation des modèles économiques qui soit à la hauteur des métamorphoses en cours dans notre monde. Mais il nous semble important de mettre tout d'abord l'accent sur deux dimensions fondamentales pour un changement en profondeur de nos modèles et de nos manières de faire : le détachement et l'impératif de cohérence.

Le détachement, bien qu'il soit souvent sujet à caution dans le monde de l'entreprise, nous semble être une condition nécessaire. En effet, il est à la fois une attitude et une méthode de discernement : pouvoir se remettre en cause, élargir son champ de vision, prendre de la hauteur,

20. Par exemple, Dale Jamieson, « When Utilitarians Should be Virtue Theorists », *in* Stephen M. Gardiner, Simon Caney, Dale Jamieson et Henry Shue, *Climate Ethics: Essential Readings*, Oxford, Oxford University Press, 2010, p. 315-331.

21. Henry Paulson, « The Coming Climate Crash », *The New York Times*, 21 juin 2014.

changer de point de vue. Pour certains philosophes grecs, il est la première étape indispensable d'un raisonnement : l'*epokhe*, qui consiste à suspendre son jugement pour pouvoir se défaire de ses certitudes et préjugés et apprendre à recueillir le réel avec plus d'ouverture, afin de prendre ensuite une décision.

Dans les traditions philosophiques et spirituelles de l'humanité, le détachement est compris de façons diverses, mais il a toujours partie liée avec le souci d'un juste rapport au monde, aux autres, aux êtres vivants, aux choses. Certains – notamment dans la tradition spirituelle du discernement pratiqué à l'école d'Ignace de Loyola, le fondateur de l'ordre des jésuites – parlent de la nécessité de cultiver l'indifférence, de façon à pouvoir chercher avec liberté la volonté de Dieu, à la rencontre du désir humain profond. Ce détachement n'est pas compris comme un désengagement du monde mais bien comme la condition d'un engagement passionné pour la justice, pour l'incarnation de valeurs. En ce sens, la philosophe Simone Weil caractérise toute la démarche philosophique comme cet apprentissage d'une attention de tout l'être. Dans sa perspective, le détachement est l'expression de ce que l'on peut appeler une « raison aimante », une raison orientée par l'amour[22].

Quel lien avec le monde de l'entreprise ? La démarche proposée par Simone Weil est précisément liée à la fois à une expérience, pendant plusieurs mois, en 1935, de la vie en usine comme ouvrière, et à une réflexion sur le travail humain. Pour elle, les ouvriers sont doublement aliénés, non seulement parce qu'ils souffrent de conditions de travail pénibles, répétitives, etc., mais aussi parce que, de surcroît, ils n'ont pas la vision large de la finalité de leur action, de leur utilité sociale. Et toute l'organisation de leur vie contribue à les situer à l'extérieur d'eux-mêmes, à empêcher leur accès à une intériorité, au sens de leur action comme de leur existence.

Les conditions de travail actuelles ne sont pas éloignées, pour beaucoup de travailleurs en usine et employés dans le monde, de ce que décrivait Simone Weil. Et si pour les cadres et cadres dirigeants les souffrances au travail ne sont pas entièrement du même ordre, elles n'en sont pas moins réelles pour beaucoup d'entre eux. Certains cadres sont dans l'incapacité d'envisager d'autres modèles que ceux qu'ils ont assimilés et mis en œuvre, ou de porter un jugement informé,

22. Voir Cécile Renouard, *La Raison aimante chez Simone Weil et Edith Stein. Deux philosophies devant la Croix*, Mémoire pour la licence canonique en théologie, Centre Sèvres/Facultés jésuites de Paris, 2002.

large, lucide, sur les impasses auxquelles conduit le productivisme adossé au consumérisme. Cette culture de la pensée et de l'action en silo va d'ailleurs souvent de pair avec le cloisonnement des organisations, l'un venant ainsi alimenter l'autre.

Le détachement, lui, est lié à un décloisonnement des fonctions dans l'entreprise, à la promotion de processus et de méthodes de management au service d'une gouvernance élargie et partagée. Ce qui suppose aussi de mettre en place des moyens pour ne pas pénaliser ceux qui posent des questions et remettent en cause certaines pratiques.

Il s'agit également de ne pas encourager une compréhension biaisée de la loyauté vis-à-vis de « leur » entreprise qui a pu conduire certains à accepter d'entrer dans des logiques de corruption lors de négociations contractuelles, quitte à être ensuite lâchés par leur hiérarchie quand les choses se passent mal (tel un ex-salarié d'Alstom emprisonné en 2013 aux États-Unis et lâché par son entreprise après avoir plaidé coupable[23]). D'autres exemples peuvent être évoqués dans des logiques opposées. Le cas d'une entreprise très ferme dans son soutien à la lutte inconditionnelle contre la corruption illustrera au chapitre 6 la façon dont un espace de réflexion et d'action peut s'ouvrir au sein de l'entreprise et dans son environnement.

Une telle ouverture du questionnement suppose de jouer collectif, de réfléchir avec d'autres, de libérer la parole, hors de l'entreprise autant qu'en son sein. L'expérience des auteurs, en lien avec d'autres cadres et dirigeants d'entreprise, nous montre que ceux qui font avancer les choses sont ceux qui n'agissent pas seuls – même s'ils peuvent expérimenter parfois une grande solitude. Ils ont des lieux de parole, d'échange, de méditation, qui leur permettent de tester leurs idées, d'approfondir leur diagnostic et surtout qui leur donnent de la force pour avancer et prendre des risques personnels[24].

Ce détachement passe par le choix de la coopération entre organisations diverses. Et beaucoup de forums de discussion voient le jour afin de croiser les positions des différents acteurs. Ainsi en est-il en France de la plateforme pour la promotion de la responsabilité sociétale de l'entreprise mise en place par le gouvernement en juin 2013 afin de favoriser les réflexions thématiques de représentants du monde économique, de la

23. « Le cadre maudit d'Alstom », *Le Journal du dimanche*, 13 juillet 2014.

24. Cécile Renouard, *Éthique et entreprise* (2013), Ivry-sur-Seine, Éditions de l'Atelier, 2015.

société civile, des pouvoirs publics et du législateur. Ces lieux permettent d'apprendre à connaître le point de vue des autres, d'échanger des idées, de promouvoir des petits pas acceptables par tous. Mais tout l'enjeu réside dans la capacité de chacun à sortir de ces postures de négociation où les enferme la stricte défense partisane de positions catégorielles, qui correspondent souvent aux perspectives les plus restrictives parce qu'au seul service d'intérêts spécifiques.

Comment faire valoir un discernement où l'intérêt général est recherché avant les intérêts particuliers ? La transition énergétique oblige à la priorisation des enjeux collectifs de long terme. Mais les modalités habituelles d'élaboration de normes ne vont pas dans ce sens. Il convient donc de privilégier en la matière le détachement, pour pouvoir sortir de la logique de lobbying. C'est ce dont il sera question au chapitre 6.

Ce détachement personnel et collectif n'est pas en effet une fin en soi. Il est au service du discernement de transformations reconnues comme nécessaires : quelle action collective favoriser pour quelle transformation institutionnelle ? Sans doute est-il important de faire droit à différentes formes d'action, les unes liées à la patiente recherche de modèles de gouvernance plus ouverts, les autres à des initiatives petites et radicales. L'immense créativité déployée par des entrepreneurs sociaux innovants favorise des tentatives d'essaimage à plus grande échelle et des expérimentations par des entreprises de secteurs « lourds », intensifs en capital, et pour lesquels il est plus difficile d'initier le changement. En France, pour favoriser le maillage entre acteurs publics et privés, des initiatives comme les pôles territoriaux de coopération économique ont été lancées[25]. Et si le passage de l'expérimentation à un changement structurel s'opère, selon Serge Moscovici, c'est grâce aux « minorités actives[26] » qui ont pu se détacher de la *doxa*, des manières de faire et de raisonner qui mettent des œillères. Quelles sont-elles aujourd'hui ? Et comment opérer un changement d'échelle ?

Une première réponse consiste en l'accès à ces initiatives locales, de façon à en être touché et à concevoir la possibilité de travailler, de se déplacer, de vivre autrement.

25. Voir chapitre 3, p. 73.

26. Serge Moscovici, *Psychologie des minorités actives*, Paris, PUF, 1991.

L'impératif de cohérence

Beaucoup d'actions sont déjà engagées pour réduire les consommations énergétiques et l'utilisation des matières premières. Cependant, malgré les investissements effectués et les efforts sur les régulations, l'ensemble de ces actions non seulement n'est pas suffisant, mais est en plus contrecarré par le maintenant bien connu effet rebond. Il n'y a donc qu'un moyen de s'assurer que les efforts faits ici ou là pour la transition puissent réellement avoir un effet tangible : c'est d'être absolument cohérent et de donner un caractère central – et systématique – aux questions de la transition écologique.

Les dirigeants savent combien toute transformation au sein de l'entreprise exige une telle cohérence. Ainsi en a-t-il été de la façon dont, dans le monde occidental au moins, sous le regard des législateurs, les entreprises ont appris à gérer la sécurité au travail. La diminution des accidents au travail n'est pas venue juste d'une action particulière dans un département de l'entreprise : elle n'a été possible que parce que l'entreprise a pris le sujet à bras-le-corps et en a fait un élément central dans toutes les instances de l'organisation. « Central » ne veut pas dire que la sécurité soit devenue le sujet unique de toutes les instances et de toutes les décisions, mais qu'il n'y a plus de sujet, au sein de l'entreprise – de nouveau contrat, de nouveau produit, de construction de nouvelle usine ou de rachat d'un concurrent –, où la question de la sécurité ne soit pas abordée.

Si nous voulons avoir le même type de résultats du point de vue écologique, alors il faut que les entreprises abordent la transition écologique et énergétique de la même manière qu'elles l'ont fait pour la sécurité. Mais en allant plus loin. Pour l'entreprise, la sécurité reste un enjeu éminemment défensif : elle doit vouloir faire tout ce qui est en son pouvoir pour prévenir les accidents. Les enjeux de la transition sont non seulement défensifs – vouloir et faire tout ce qui est possible pour prévenir l'émission des gaz à effet de serre et limiter l'utilisation de ressources non régénérables –, mais aussi et peut-être surtout offensifs. Il s'agit pour l'entreprise de revoir ses *business models* pour créer le monde de demain et en devenir partie prenante de façon légitime. Il s'agit donc pour elle d'entrer dans cette nouvelle modernité dont nous avons besoin, de participer volontairement à la construction de cette société durable en termes de gestion des ressources et des émissions, comme en termes d'inclusion sociale, parce que c'est cela même qui constitue sa raison d'être.

Trop souvent le département « Responsabilité sociétale de l'entreprise » est considéré comme sympathique, mais annexe. Parfois juste bon à préparer une belle communication à insérer dans le Rapport sur le développement durable ; d'autres fois à s'assurer qu'effectivement l'exécution des projets, la fabrication des produits, les impacts de l'entreprise sur son environnement restent sous contrôle. Mais bien peu d'entreprises en font un élément stratégique. Plutôt que de se doter d'un département « Environnement » s'occupant de suivre l'évolution de ses consommations de papier, d'eau, de produits polluants, de carburants divers et variés, pourquoi, au-delà d'une certaine taille, toute entreprise ne créerait-elle pas un département « Changement climatique et économie des ressources », qui regarderait à 360 degrés tous les leviers possibles de l'entreprise sur ces sujets, tant au niveau de sa chaîne de sous-traitance et de ses propres activités que de celles induites chez ses clients ?

Quelle stratégie adopter ensuite ? Lesquels de ces leviers choisir d'activer ? Comment et avec quelle régularité revoir et ajuster cette stratégie ? Bien entendu, cette dernière doit être élaborée avec les départements « Stratégie », « Marketing », « Commercial », « Design », « Méthodes », etc. Mais peu nombreuses encore sont les entreprises qui ont commencé à aborder cette question du changement climatique et de l'économie des ressources sous son angle stratégique. Et pourtant, c'est seulement ainsi qu'elles pourront déployer leur force de frappe.

La question de l'inclusion sociale et de la lutte contre les discriminations pose les mêmes défis à l'entreprise. Trop souvent les entreprises se contentent de chiffres : le nombre de travailleurs handicapés qu'elles ont intégrés, la proportion hommes/femmes et l'évolution des salaires par genre, etc. En la matière, elles pourraient se doter d'une puissance d'action bien supérieure, tout simplement en développant leurs capacités à aborder ces questions de manière systémique, comme un tout. En se demandant quels sont les leviers dont elles disposent pour devenir des facteurs d'inclusion.

Cet « impératif de cohérence » appelant à une action organisée convergente et non à l'addition d'actions est tout aussi nécessaire au niveau des politiques nationales. Et c'est d'ailleurs l'une des erreurs, en France, du Pacte de responsabilité, début 2014[27], que d'avoir voulu

27. Initiative lancée par François Hollande lors de ses vœux du 31 décembre 2013 proposant une diminution des charges et une simplification des réglementations applicables aux entreprises en demandant des engagements sur l'emploi et la modernisation du dialogue social en contrepartie.

segmenter et séparer les questions d'emploi, de transition écologique et de compétitivité. Car la non-prise en compte des enjeux de la transition écologique dans l'élaboration de ce pacte – en tout cas, pas de manière centrale – risque d'accélerer le développement de produits et de projets émetteurs de gaz à effet de serre et dégradant l'environnement. Alors même que nous tenterons dans le même temps, ou par la suite, d'instituer des normes plus sévères, et d'exercer différentes formes de pression sur les entreprises pour tenter de revenir, probablement sans grand succès, vers des trajectoires environnementales plus compatibles avec les contraintes du réchauffement climatique.

Il en va de même pour les cycles de négociations de libre-échange entrepris, depuis le début des années 1990, sans aucun lien avec les discussions sur le climat. Comment pouvons-nous être schizophréniques au point de nous engager avec force dans les discussions sur le futur TTIP (Transatlantic Trade and Investment Partnership[28]) et, simultanément, nous investir dans la préparation de la COP21, le sommet climatique de décembre 2015 à Paris, sans faire le lien entre ces deux démarches structurantes pour l'avenir ? Comme si émissions de GES et développement économique étaient des sujets sans rapport.

Il convient de mettre en œuvre une autre logique. Car il s'agit d'inviter les mêmes acteurs à traiter du même sujet – la réduction du chômage et la compétitivité de nos entreprises en contexte international – tout en faisant de la diminution par deux des émissions de gaz à effet de serre d'ici à 2050[29] un impératif collectif. L'articulation des problématiques devient une nécessité pour pouvoir réellement produire un résultat en matière de transition écologique. Elle pourrait même se révéler plus efficace pour résoudre nos questions de chômage et de compétitivité économique, parce qu'elle impose de privilégier créativité et innovation. Elle pourrait donc également impulser des changements susceptibles de nous faire sortir de l'ornière tant sociale qu'écologique dans laquelle nous sommes. Cette dynamique de changement possible dans l'entreprise, menée par des salariés et dirigeants, est l'objet du prochain chapitre.

28. En français : PTCI (partenariat transatlantique de commerce et d'investissement – traité de libre-échange entre l'Europe et les États-Unis).

29. Ce qui veut dire, comme nous l'avons vu au chapitre 1, les diminuer par quatre en France, compte tenu des différentes trajectoires économiques et d'émission dans le monde.

Chapitre 5. Leviers des salariés et des dirigeants d'entreprise

Les cadres dirigeants de grands groupes sortent pour la plupart des mêmes écoles. La majorité d'entre eux travaille une bonne soixantaine d'heures par semaine. Leurs collègues des comités de direction, avec lesquels ils passent le plus clair de leur temps, ont les mêmes références, les mêmes types de logique, d'approche et de réflexes. Il n'est pas sûr que leur milieu amical et familial les remette en question. S'ils sont à cette place, c'est très certainement qu'ils ont su, au fil de leur parcours, démontrer leur adaptation au système en vigueur et leur capacité aussi bien à en absorber les codes qu'à s'en servir. Bien évidemment, cela reste vital dans leur situation. Ils sont alimentés par la lecture quotidienne des *Échos* et des principaux quotidiens économiques, ce qui leur permet de rester en phase avec les grandes questions et dynamiques économiques... comprises et vues par les cadres dirigeants du système. Est-ce pour autant la réalité de notre monde qui, pour survivre, est appelé à changer ?

Ces cadres ont tendance à prendre plus souvent l'avion que le métro. Leur vision du monde en est certainement plus globale, mais aussi moins enracinée dans le local que celle de la grande majorité de nos contemporains. De fait, dirigeants de multinationales, ils sont aussi à l'aise au Mexique qu'aux États-Unis, en Italie qu'en Finlande, en Chine ou en Inde. Ils ont appris à travailler avec les ouvriers, les cadres intermédiaires et les dirigeants de leur entreprise comme avec ceux de leurs partenaires, fournisseurs ou clients, dans chacun de ces pays, à les apprécier, voire à les admirer. D'ailleurs, au nom de quel principe éthique un Chinois travaillant pour une multinationale dont le siège est en France devrait-il être considéré comme un « consommable » ou une simple variable d'ajustement de la performance de l'entreprise ? Au nom de quoi les logiques d'investissement devraient-elles *a priori* favoriser la France plutôt que la Chine ? Eux aussi, là-bas, ont des familles à nourrir et peuvent ne pas être moins dévoués qu'un salarié français à l'entreprise qui les emploie.

Il est facile et tentant pour ces cadres dirigeants de grands groupes de croire « connaître » assez précisément les leviers qui fonctionnent et ceux qui ne fonctionnent pas dans le monde économique. À vrai dire, l'augmentation des disparités de salaires dans l'entreprise et la très forte progression des rémunérations des dirigeants depuis le début des années 2000 tendent à renforcer cette conviction : « Si l'on me paye autant, c'est bien que j'ai bien compris quels étaient les bons leviers économiques ! » Bien sûr, comme partout, il y a les cyniques et les profiteurs. Mais beaucoup de ces cadres pensent aussi, très sincèrement, avoir en main une partie des idées qui permettraient d'aller de l'avant, de diminuer la pauvreté et de bénéficier au plus grand nombre. Ils peuvent par conséquent être très frustrés de ne pas se sentir compris.

Bien entendu, il y a une limite à l'exercice : à moins d'un effort majeur de leur part pour sortir de leurs logiques, ils ont naturellement tendance à ne plus voir le monde qu'à travers le seul prisme de l'entreprise, en particulier la face brillante de l'entreprise – celle qui crée des richesses, qui est source de développement et d'épanouissement personnel, qui sort des populations de la pauvreté. Quel niveau d'attention ont-ils pour les exclus du système ? Pour ces populations – y compris dans nos pays développés – qui ont perdu tout espoir de s'intégrer dans la vie économique, et par là sociale ? Pour ceux qui pensent qu'il leur est impossible d'apporter à un collectif leur dynamisme et leurs capacités de création ? Quel niveau d'attention ont-ils pour les effets qu'ils provoquent sur les tissus sociaux locaux lorsqu'ils décident de s'implanter dans des pays en développement ? Pour les impacts écologiques et climatiques de leurs activités ?

Et surtout, eux dont le temps disponible à la gratuité reste (très) rare, quelles chances se donnent-ils d'ouvrir leur propre horizon à des dimensions différentes ? Pour regarder le monde à travers d'autres lunettes que celles de leur quotidien ? Pour rencontrer des personnes inscrites dans des logiques différentes, que ce soit dans des associations travaillant avec les plus démunis, aussi bien que dans des domaines artistiques ? Et, pourquoi pas, pour s'enraciner personnellement dans une spiritualité, ou prendre le temps de creuser en profondeur certains courants philosophiques, d'accepter de se mettre régulièrement en danger, de se faire bousculer par d'autres visions et d'autres logiques ? De se laisser déplacer ?

Ainsi les contacts que l'un des membres de l'EBN a pu nouer avec le Mouvement pour une alternative non violente (MAN) alors qu'il commençait sa carrière dans des industries travaillant pour la défense – et, plus tard, son engagement syndical comme délégué du personnel et membre du comité d'entreprise –, marquent aujourd'hui la vision du cadre dirigeant qu'il est devenu, ayant encore en tête, lors des discussions en comité exécutif, que les logiques « évidentes » dans ces instances ne le sont pas forcément dans d'autres. Pour que nos entreprises sachent se réinventer et relever au mieux les défis sociaux et écologiques qui se présentent, il est nécessaire, fondamentalement, que l'ensemble de leurs personnels – dont leurs cadres au plus haut niveau – apprenne à intégrer l'existence et la réalité des logiques différentes qui sont appelées à cohabiter au sein d'une même communauté de destins. Ce qui veut dire : apprendre à vivre avec les tensions et les conflits existant entre ces logiques, et qui peuvent également traverser chacun. Comment croire un instant que nous allons savoir modifier la course de nos entreprises sans cela ?

Les élèves ingénieurs en aéronautique apprennent comment, historiquement, les avionneurs ont cherché, pendant des décennies, à concevoir des avions de plus en plus stables aérodynamiquement. Et que pour donner plus d'agilité à un avion de chasse, les ingénieurs ont dû, au contraire, se mettre à concevoir des avions instables, quitte à devoir, en vol de croisière et en ligne droite, maintenir artificiellement la stabilité de l'avion grâce à des systèmes électroniques. Il en est de même pour les cadres des entreprises dont nous avons besoin aujourd'hui : ils doivent se donner les moyens de développer et de maintenir une forme d'instabilité pour être capables d'engager les ruptures qui s'imposent.

Assumer les tensions inévitables entre objectifs différents

Apprendre à gérer des tensions entre des objectifs contradictoires est un enjeu majeur pour les entreprises. Or ces contradictions sont très rarement prises en compte dans les projets d'entreprise.

Toute entreprise de taille importante se donne en général la peine de formuler « son » projet d'entreprise et de communiquer largement à ce sujet. Les textes de tels projets sont dans un certain nombre de cas sincèrement généreux et ouverts sur l'ensemble des parties prenantes. Prenons par exemple le projet d'entreprise de Lafarge [1]. Il s'appuyait sur quatre engagements :

– générer de la valeur pour ses clients ;

– donner à ses collaborateurs toutes les opportunités de contribuer au succès du groupe et de développer leurs talents ;

– contribuer autour de l'entreprise à la construction d'un monde meilleur ;

– répondre aux attentes de valeur de ses actionnaires.

Mais la vraie question, certes difficile, restait néanmoins non traitée : comment organiser les priorités entre ces quatre piliers ? Comment gérer les tensions inévitables ? En effet, « répondre aux attentes de valeur de nos actionnaires » peut fort bien entrer en conflit avec « développer les talents de nos collaborateurs » ou « construire un monde meilleur ». Par exemple, vouloir vendre le plus de béton possible, est-ce bien ce qui convient pour construire un monde meilleur ? Travailler pour un monde meilleur imposerait peut-être à Lafarge d'investir encore plus fortement dans la R&D pour diminuer les émissions de gaz à effet de serre liées à la fabrication du béton ? Mais alors, si l'entreprise le fait, ne risque-t-elle pas de moins bien répondre aux attentes de valeur de ses actionnaires ou de générer moins de valeur pour ses clients ? Et si fusionner avec Holcim pourrait, à terme, s'avérer générateur de valeur pour les actionnaires, qu'en sera-t-il demain des « opportunités de contribution » des personnels au devenir de Lafarge-Holcim ? Pour donner sens et vie à un tel « projet d'entreprise » et pour qu'il puisse s'incarner, la clé est donc de savoir comment et sur quelle base les responsables de cette entreprise vont arbitrer entre les différentes logiques que leur inscription dans la durée va nécessairement mettre en tension.

Les entreprises prennent-elles la peine de mettre sur la table ces tensions ou sont-elles même tout simplement capables de se positionner en toute clarté, en assumant leur part de contradiction ? Vue de l'extérieur, l'équation peut sembler simple : d'accord pour construire un monde meilleur ! Mais « comme toujours, l'entreprise ne va penser qu'à l'argent »... Alors qu'en pratique, l'entreprise est bien obligée de

1. Avant son rapprochement récent avec Holcim, finalisé en juillet 2015.

tout considérer. Si elle ne sait pas générer de la valeur pour ses clients et ses actionnaires, son espérance de vie sera extrêmement limitée (et celle du management en place le sera encore davantage). Dans ce cas, elle ne pourra pas non plus contribuer à un monde meilleur. À l'inverse, cet impératif de continuité ne peut pas servir non plus à justifier de passer par pertes et profits l'objectif qu'elle s'est assigné de contribuer à un monde meilleur. C'est parce que ces deux engagements de Lafarge sont en tension qu'ils peuvent ouvrir une voie de créativité et donner un vrai sens, spécifique, à l'action de cette entreprise. Mais pour y parvenir, encore faut-il qu'il soit pris acte de la contradiction structurelle existant entre ces différents engagements[2]. Et que les pratiques managériales mises en œuvre conduisent à les appréhender, pour mieux les dépasser. Sinon, un tel projet d'entreprise ne peut avoir de prise sur le réel et reste lettre morte, simple support, insignifiant, d'une communication institutionnelle.

La question managériale est donc critique : comment l'entreprise prend-elle ses décisions lorsque le respect d'un de ses engagements va à l'encontre d'un autre ? Quels critères et quels processus mobilise-t-elle ? Comment l'entreprise forme-t-elle ses cadres à la résolution personnelle de tels dilemmes ?

Sortir de l'entre-soi, apprendre à écouter, rencontrer l'autre

Ce n'est que très récemment que le monde de l'entreprise a pris conscience de la valeur que représente l'inscription d'une activité économique au cœur de la vie de *communities.* Aussi, trop souvent encore, les entreprises de l'économie « traditionnelle » en restent à l'ère du « pour vivre heureux, vivons caché », malgré une volonté de dialogue affichée. Trop souvent, le culte du secret règne autour de leurs activités, quand ce n'est l'opacité la plus absolue. Une telle logique ne peut conduire qu'à un étonnement managérial de ne pas être compris par un monde de plus en plus « interpellant »...

Ceux qui ont compris que les riverains, les clients, les parties prenantes – même celles qui semblent les plus hostiles – recèlent un potentiel de création de valeur pour l'entreprise et la société en général, ont l'assurance d'anticiper leur modèle de demain. Il en est ainsi, par exemple, des grands innovateurs du Net (Google, Facebook, etc.) qui

2. Voir Cécile Renouard, *La Responsabilité éthique des multinationales*, Paris, PUF, 2007, chapitre 2.

s'emploient systématiquement à valoriser le potentiel des réseaux qu'ils ont contribué à créer.

Des champions technologiques auraient toute légitimité à faire état, publiquement, de leurs performances et des contributions à un mieux-être collectif qu'elles ont pu induire. Comment se fait-il, pourtant, que leur savoir-faire ne soit pas reconnu ? Au-delà de la prouesse technique – et de sa rentabilité –, ces « champions » s'intéressent-ils réellement au devenir des populations à qui elle serait censée être utile ? Et ces populations, attendent-elles vraiment quelque chose de ces entreprises ? Ces questions méritent d'être posées, d'où jailliront des ébauches de réponses.

À l'instar des habitants anonymes des métropoles, les entreprises ne vivraient-elles pas le « syndrome des voisins de palier » qui ne se rencontrent jamais et se détestent *a priori*, se manifestant par un « mot anonyme » glissé sous la porte (une interpellation publique de l'entreprise dans les médias ?) ou de façon beaucoup plus bruyante le jour d'un dégât des eaux – qui finit toujours par arriver (une campagne de boycott d'un produit ou en faveur d'une motion négative à la prochaine assemblée des actionnaires ?). Mais quand le voisin se ravise, dans un moment de lucidité, et qu'il consent à participer à la « fête des voisins », il peut découvrir combien son voisin est sympathique, devenir un allié lors de la réunion de copropriété, et même finir par plaisanter de la fameuse fuite d'eau dont il a pourtant été victime...

Pour ceux qui construisent les barrages les plus puissants du monde, qui exploitent des gisements géants d'hydrocarbures dans les grandes profondeurs de la croûte terrestre ou qui inventent de nouvelles technologies énergétiques pour demain, quoi de plus naturel que de penser que leur entreprise et leur propre action façonnent le monde pour répondre, positivement, à ses besoins les plus essentiels ? Pourquoi ne pas en tirer une fierté légitime ? Mal maîtrisée, une telle fierté ne tourne-t-elle pas très vite, néanmoins, à l'arrogance ? Ne peut-elle déboucher sur la position intellectuelle surplombante du sachant se jugeant seul apte à décider pour les autres ? Ne faudrait-il pas voir dans ce culte implicite voué à la technique l'origine de ce que l'on reproche à certains grands groupes : une propension de leurs dirigeants à être parfois très méprisants vis-à-vis de leurs parties prenantes ? C'est du moins ce que disent certaines enquêtes internes que l'on se garde bien de diffuser hors des murs de l'entreprise.

Que de situations d'« autisme » avons-nous pu observer en entreprise, lorsque le sentiment de supériorité prend le dessus ! Comme si l'impression de ne pas être reconnu par ces fameuses « parties prenantes » – en réaction à l'arrogance d'une affirmation de soi non maîtrisée – provoquait un cercle vicieux conduisant à l'enfermement sur soi. Quels en sont la cause et l'effet ? Il est à la portée de chacun de s'isoler. Il suffit, pour cela, de dénier toute légitimité aux attentes de l'autre, de considérer qu'elles ne s'inscrivent pas dans la logique techniciste du changement déjà annoncé, que ce soit dans le débat sur le nucléaire, les gaz de schiste, ou le développement de nouvelles infrastructures : les droits et perceptions des populations locales peuvent être minimisés par les ingénieurs et dirigeants soucieux avant tout de promouvoir la maîtrise technique des risques et les futures retombées positives des investissements. On assiste alors à l'affrontement de logiques différentes. Très vite, la rationalité « scientifique » est érigée en absolu, contre tout affect émotionnel ; et vice versa. Aux préoccupations exprimées sur les conséquences d'une nouvelle activité industrielle, on ne répond plus que par des explications techniques parfaitement argumentées et/ou par des perspectives économiques, plutôt que de prendre en compte également l'émotion qui s'exprime.

Par exemple, pour reprendre l'une des situations évoquées, combien de temps les promoteurs de projets d'extraction de gaz de schiste en France ont-ils consacré au dialogue avec les communautés locales concernées ? Et même si un temps suffisant y avait été consacré, les entreprises, sûres de leur maîtrise technique, n'auraient-elles pas été tentées de jouer au maître d'école pour rendre accessible la noblesse de leur métier à des parties prenantes nécessairement « ignorantes » ? Comment espérer emporter l'adhésion d'interlocuteurs si la « leçon » prend le pas sur l'écoute ? Mais surtout : comment évaluer ses propres projets au regard de critères non techniques, étrangers à la culture de l'entreprise, parce que propres au bien-vivre auquel aspirent les communautés directement concernées, si l'on ne commence pas par écouter ? À qui l'extraction de gaz de schiste dans un territoire donné va-t-elle donner du bien-vivre ?

La question est à la fois éthique et culturelle : les travaux menés par Philippe d'Iribarne et une équipe de chercheurs, depuis une trentaine d'années, mettent en évidence l'importance de l'analyse des cultures politiques dans lesquelles les entreprises mènent des opérations[3]. Bien

3. Philippe d'Iribarne, *La Logique de l'honneur. Gestion des entreprises et traditions nationales*, Paris, Le Seuil, 1989.

souvent des confrontations existent au sein de l'entreprise ou entre entreprise et parties prenantes externes parce que la façon de prendre une décision, de se rapporter à l'autorité, etc., sera considérée comme bonne d'un côté mais défectueuse de l'autre. C'est pourquoi une partie des problèmes managériaux et sociétaux auxquels sont confrontés les salariés et dirigeants d'entreprises internationales peut trouver des chemins de résolution grâce à une meilleure compréhension mutuelle, liée à la reconnaissance de ce qui se joue en profondeur dans les représentations des uns et des autres.

Par ailleurs, les attitudes à cultiver relèvent bien d'une interrogation éthique sur la façon dont est considéré l'autre. Le dialogue entre l'entreprise et ses parties prenantes a des effets positifs, à condition de commencer par l'écoute et de reconnaître sa propre part de responsabilité dans les tensions, voire le conflit, pouvant exister ! Dans ce cas (c'est du vécu !), il arrive que même les activistes les plus réputés laissent tomber leurs récriminations pour adopter une attitude de résolution commune des problèmes. Mais l'écoute se travaille. Il faut entrer dans le temps de l'autre. Et les indicateurs de résultats pour de telles démarches ne sont pas exactement les mêmes que ceux qui sont habituellement utilisés par l'entreprise !

Que dire par exemple du changement complet de relation entre un site industriel, construit dans les années 1960 en plein champ – que la ville a fini par rejoindre – et ses riverains ? Ces derniers ont changé leur regard (et leurs récriminations) sur ce site dès qu'on leur a donné la possibilité de comprendre que, par-delà les cheminées du site, y travaillaient Monsieur X et Madame Y, habitants de l'agglomération, avec lesquels ils ont pu passer quelques moments d'échanges sincères. Une autre dynamique, locale, a pu être amorcée lorsque cette entreprise a compris que les riverains du site ne faisaient que subir les nuisances de l'usine (fumée, bruits, etc.) sans en retirer ni bénéfice ni attention. Ce dialogue déployé sur plusieurs mois a alors permis de construire un plan d'accès aux emplois du site pour les riverains.

Le dialogue pourrait-il être source de création de valeur ?

Sortir des postures et des jeux d'acteurs

Dans les mauvais jours, les relations entretenues entre acteurs publics, institutions privées et société civile peuvent facilement tourner à un mauvais jeu de rôles, du plus mauvais goût pour le citoyen, dans lequel chacun accuse les autres d'incurie, d'irresponsabilité ou encore de malhonnêteté... L'ampleur des défis auxquels notre société a à faire face est telle que nous ne pouvons plus perdre de temps pour ce type de stratégie de « défausse ». Il faut que chacun prenne ses responsabilités :

– Le politique ne peut se contenter de prendre l'opinion publique à témoin en « épinglant » tel ou tel grand groupe, ou, à l'inverse, se plier aux différents types de lobbying. Il a aussi ses propres obligations de résultat, dont celle d'assumer son rôle d'animation de la communauté des acteurs et des experts à mobiliser au service du bien-vivre des citoyens, plutôt que de se cantonner à une posture de juge énonçant ce qui est bien ou mal en matière de bien public (et encourageant une hyperinflation normative).

– L'entreprise ne peut se contenter d'une attitude « défensive » au service de ses seuls intérêts particuliers dès lors qu'ils ne seraient pas contraires à l'intérêt général. Interdépendante des communautés locales qui lui accordent sa licence d'opérer, elle se doit d'être force de proposition pour mettre ses compétences au service du bien commun. C'est à cette seule condition qu'elle pourra espérer en retirer durablement des fruits pour son activité propre.

– La société civile, elle, ne peut se contenter de laisser aux « experts » du politique et de l'économique, ni même à quelques ONG, le soin de décider ce que sera le bien-vivre de sa descendance. Elle se doit de créer du lien, qui permette également à ces « experts » de prendre en compte et de valoriser son potentiel d'innovation, complémentaire (et non antinomique) de la valeur créée par les autres acteurs plus techniques. Enfin, ce n'est que professionnalisé (ce qui ne veut pas dire n'ayant pas recours à des bénévoles, bien au contraire !) et ayant pris confiance en lui que le milieu associatif pourra contribuer à la convergence progressive de ces différents systèmes de valeur.

Laisser émerger les aspirations profondes

Postures et jeux de rôle ne sont pas l'apanage de la vie publique. Ils peuvent exister tout autant en interne, au sein de la communauté humaine qu'est l'entreprise.

Un jeune diplômé, nouvellement embauché dans l'entreprise dont il rêvait – et en CDI, qui plus est ! – peut être très enthousiaste. Les années passent et les postes s'enchaînent. Il pense à son parcours. Petit à petit, au fur et à mesure de son ascension professionnelle, des défis apparaissent.

Des tensions aussi. Il n'y aura pas de place pour tous en haut de la pyramide ! Il veut faire son travail consciencieusement, certes, mais aussi se faire apprécier de son management. Créer son réseau interne parmi ses pairs et élaborer le meilleur moyen de grimper – plus vite qu'eux ? – dans la hiérarchie et les responsabilités. Quoi de plus humain ? Derrière ce désir, il peut certes y avoir la soif de pouvoir et d'argent, mais aussi celle de développer une activité, de participer au bien commun, de peser sur les orientations de son entreprise.

À ce stade, un dilemme peut se faire jour. Notre salarié se retrouve un jour tiraillé entre ce qu'il pense être son intérêt personnel, individuel, immédiat, et une légère variante de la solution retenue, qui aurait été un peu plus en ligne avec ce qu'il considérait jusqu'alors être l'intérêt général à long terme, mais moins rentable « politiquement »... pour lui. Comment se positionner quand un nouveau management a une approche beaucoup plus confrontationnelle des relations humaines ou humilie publiquement des gens ? Quand il s'agit d'arranger un peu les comptes pour que la réalité apparaisse sous le jour espéré ? Quand on sait que la communication officielle dit exactement l'inverse de ce qui est en train de se préparer en sous-main ? Pour un esprit sincère, exercé au discernement éthique, il arrive que ce dilemme se fasse ressentir et que le débat intérieur trouve alors à s'exprimer, quitte à être toujours sur la brèche.

Que de discussions franches amorcées en tête à tête, sur ces sujets délicats, au restaurant d'entreprise, vites interrompues par l'arrivée inopinée de voisins de table connus... Et quelles difficultés pour dépasser l'échange privé avec son collègue – presque un ami – et unifier ses convictions profondes au point de pouvoir prendre le risque d'une parole publique ! Autant dire qu'au sein des grandes organisations, une position personnelle qui se trouverait être en décalage avec celle de l'entreprise n'est que très rarement exprimée. En cas de désaccord, de divergence ou d'inconfort, c'est la loi du silence qui prévaut. On prend des positions bien tranchées en privé mais l'on se garde de les exprimer en présence de sa hiérarchie. Ce qui provoque parfois de grandes souffrances et une certaine désillusion face à la vie que l'on peut mener au sein de l'entreprise dans laquelle on évolue.

L'enjeu pour les entreprises ne serait-il pas de permettre à leurs collaborateurs de s'épanouir en conformité avec des valeurs partagées dans leur milieu professionnel ? Leur priorité serait alors d'inciter leurs équipes dirigeantes à rendre compte de la cohérence personnelle qui les conduit aujourd'hui à adhérer au projet de l'entreprise qu'elles dirigent. Non pas pour leur demander de sacrifier à une sacro-sainte transparence, sœur de la « peopolisation » des hommes publics, au risque de devenir un outil de prise de contrôle sur l'autre, mais plutôt dans une démarche de vérité. Cette initiative peut se révéler extraordinairement fédératrice car il existe, dans nombre d'entreprises, une attente, une soif de vérité et une envie d'adhérer à un projet collectif qui s'avèrent incompatibles avec le caractère trop souvent désincarné ou technocratique des équipes de management qui les pilotent. En particulier lorsqu'elles donnent la priorité à l'alignement de leurs pratiques sur les seuls intérêts des actionnaires des entreprises, sans paraître tenir compte de la communauté de destins qui permet à leurs entreprises d'exister.

Parvenir à faire converger les aspirations profondes qui habitent une majorité d'individus se révèle être un levier puissant pour fédérer les salariés autour de l'intérêt collectif, de la mission de l'entreprise. Il y a là une mine d'or pour chaque entreprise. Alors, plutôt que de favoriser des codes éthiques aseptisés et des processus bureaucratiques de mise en conformité, pourquoi ne pas libérer, avec ses collaborateurs, des espaces de débat et de vérité ? La participation à des débats de fond sur la stratégie de l'entreprise, sur sa politique sociale ou sur ses investissements peut permettre de trouver des voies inédites et, partant, de construire une vision partagée. Une dynamique innovante peut naître de ces échanges, pour peu que l'on arrive à dépasser par le haut – en les affrontant et non pas en les occultant – les divergences et frustrations inévitables.

Il revient aux entreprises d'exploiter ce filon !

Rechercher du sens

La scène se déroule au début des années 1990. Un ancien élève d'une école d'ingénieur, aujourd'hui à la tête d'un grand groupe industriel après un brillant parcours professionnel, donne une conférence devant les étudiants de son ancienne école. Débordant d'enthousiasme, il leur dit combien il est heureux que l'époque lui permette enfin d'affirmer sans fard, devant eux que, oui, décidément le seul et l'unique but de l'entreprise est et demeure de faire du profit ! Il ajoute que le reste n'est que perte de temps, enfantillages et naïveté, déplorant que, pendant les vingt dernières années, l'emprise des vestiges de l'idéologie soixante-huitarde l'ait empêché de dire de telles choses, pourtant si évidentes. Ce jour-là, cet homme a eu droit à une *standing ovation*, d'interminables minutes d'applaudissements de la part d'élèves ingénieurs enthousiasmés par « ce discours de bon sens et de vérité ».

Cette affirmation – frappante tant par son contenu que par l'accueil qui lui fut fait – est encore l'objet d'un vaste consensus entre nombre de dirigeants d'entreprise mais aussi d'opposants à l'entreprise, ces derniers ayant coutume de la réduire à une énorme machine à générer du profit qui écrase tout sur son passage. En restreignant le débat à la seule question du profit – que ce soit pour en affirmer le caractère de marqueur unique de sens dans la sphère économique ou, au contraire, pour en contester toute légitimité –, une telle représentation s'avère trop réductrice de ce qui se passe en entreprise et de ce qui, avec l'entreprise, est en jeu pour la société, et peut donner sens à l'action.

Les entreprises sont très orientées vers l'action. De fait, la question du sens de cette action n'y est que très rarement abordée. Certains considèrent que la question a été traitée une bonne fois pour toutes et qu'il n'y a plus lieu d'y revenir ; d'autres que chacun est libre d'interpréter ce sens à sa guise. D'autres enfin n'y voient pas une priorité. Pourtant nous avons tous été témoins de situations où une immense bouffée d'énergie et d'enthousiasme a pu être soulevée dès que cette question du sens a été prise en compte, d'une façon ou d'une autre.

Récemment, des responsables des ressources humaines de Renault confiaient à l'un des auteurs qu'il y a une quinzaine d'années, déjà, ils avaient beaucoup plus de candidatures de jeunes ingénieurs pour travailler sur les véhicules électriques que sur les véhicules traditionnels. De même, aujourd'hui, les plus motivés des jeunes ingénieurs se rencontrent parmi ceux qui travaillent sur les solutions d'économie d'énergie. Parce qu'ils y croient, tout comme la génération précédente chez Renault croyait à une solution de mobilité moins polluante. Ainsi, dans ces deux cas, la détermination de ces personnes impliquées dans le fonctionnement de leur entreprise s'enracine dans la conviction qu'elles ont de travailler, à leur niveau, à l'avènement d'un monde meilleur, dans un cadre où la nature même de leur activité est prise au sérieux, leurs entreprises ne considérant pas leurs postes comme de simples lieux de passage, de simples tremplins au service d'un parcours professionnel.

L'interrogation sur le sens d'un travail commence probablement par une dimension individuelle : « Est-ce que mon travail me permet de vivre et de faire vivre les miens ? » Mais aussi : « Est-ce que mon travail me fait grandir, permet mon développement personnel ? » Et encore, quel que soit le niveau de responsabilité hiérarchique : « Est-ce que mon travail me permet de créer ? Est-ce qu'il me permet de donner au monde quelque chose d'unique ? » Cette question comporte inévitablement une dimension d'altérité : « En tant que responsable en entreprise, en tant que manager, est-ce que je permets à mes collaborateurs d'avoir un travail qui a du sens pour eux ? Est-ce que je crée les conditions pour cela ? » Ainsi, très rapidement, l'interrogation sur le sens acquiert une dimension collective sur le périmètre de l'entité ou de l'entreprise concernée : « Est-ce qu'au-delà des impératifs de court terme nous avons des perspectives qui orientent mon travail et celui de mon équipe sur le long terme ? Est-ce que j'y adhère ? Et mes collaborateurs ? Est-ce que je me sens, nous nous sentons, participer à une œuvre, à une aventure commune dont il y a lieu d'être fier ? Qu'en disent nos parties prenantes ? » La question dépasse alors, de façon beaucoup plus déterminante, les limites de l'entreprise : « Ma vie a-t-elle du sens ? Est-ce que mon travail contribue à un monde plus juste ? »

Ce dernier point est probablement le plus dérangeant. D'une part, la question peut sembler bien éthérée par rapport aux problématiques du quotidien de l'entreprise. D'autre part, nous savons bien, au fond de nous-mêmes, qu'il n'y a pas de réponse claire et définitive à ce sujet et que le meilleur des mondes théoriques peut vite tourner au pire des mondes réels. Enfin, prendre cette question vraiment au sérieux peut conduire celui qui se la pose à envisager des changements radicaux dans son mode de vie. Et dans le fonctionnement de la société. Or, peu de personnes sont prêtes à assumer de tels changements, susceptibles de remettre dangereusement en cause une situation qu'ils ont mis parfois des années à construire.

Néanmoins, « au nom du sens », certains cadres ou collaborateurs font des choix de parcours professionnels déterminants en dehors de l'entreprise « classique ». Des ingénieurs partent s'investir dans le milieu artistique. Des gestionnaires s'engagent dans des entreprises d'insertion comme Emmaüs ou ATD Quart Monde, et bien d'autres encore. Chacun de ces choix montre que des degrés réels de liberté personnelle subsistent, pour peu que l'on sache les utiliser. En revanche, devant de tels exemples, la personne qui, elle, reste à un poste opérationnel dans son entreprise classique risque d'expulser la question du sens vers un ailleurs qui lui est étranger, ou vers d'autres domaines de sa vie. Et ainsi de faire du quotidien en entreprise un lieu de non-sens. Or vivre dans le non-sens n'est pas une option possible si l'on veut pouvoir être à la hauteur des défis sociaux et environnementaux auxquels nous avons à faire face.

L'entreprise, en particulier lorsqu'il s'agit d'une multinationale, est un acteur majeur de ce monde. Elle l'a façonné en partie, avec ses richesses et ses succès, mais aussi avec ses déséquilibres, ses insuffisances et ses problèmes climatiques. Cette entreprise-là ne peut tout simplement pas être indifférente à ce monde qu'elle a contribué à construire : elle ne peut pas s'abstenir de réfléchir au sens de son action. Et elle ne peut le faire sans y associer chacun de ceux qui la constituent.

Prendre les moyens de gagner en profondeur

Comme nous l'avons vu, il est très facile pour un cadre ou un dirigeant en entreprise de ne plus voir le monde qu'au travers de la seule logique de l'entreprise. Cela est dû en grande partie à l'entre-soi, qui peut facilement se convertir en un contentement de soi, en une conviction d'être dans le vrai qui ne laisse plus de place au doute, à la perception de l'injustice, à la compréhension qu'il n'y a pas qu'un chemin possible.

Quels moyens ces cadres et dirigeants peuvent-ils utiliser pour ne pas se laisser ainsi enfermer, pour être en contact avec ces autres logiques, ces autres façons de penser ? Emmanuel Faber, actuel directeur général de Danone, témoignait dans *Chemins de traverse*[4] comment un séjour d'une semaine dans un « foyer pour mourants et destitués » tenus par les sœurs de Mère Teresa avait marqué sa vision du rapport à l'autre, de la dignité humaine et du sens de l'efficacité. Il rappelait, par exemple, sa confusion lorsqu'il s'était rendu compte qu'en prenant l'initiative de balayer le dortoir, ce qui lui avait pris trente minutes, il avait fait « le travail de Sudip », un homme tronc qui y passait la matinée, et du coup lui avait enlevé sa dignité. Ou quand il notait que peu à peu il faisait de moins en moins parce que « ne rien faire était l'attitude la plus juste possible à adopter », en attendant que viennent à lui ceux qui le souhaitaient.

Il nous semble tout aussi important de chercher à éviter le dédoublement de personnalité entre la femme ou l'homme privé, la femme ou l'homme associatif, et la personne en entreprise. Combien de fois des salariés découvrent, après des années de travail en commun, que la personnalité du collègue du bureau d'à côté est différente dans sa vie privée de celle qui ressort dans sa vie professionnelle ? Il y a là un enjeu lié à la reconnaissance de la personne qui interroge sur la façon d'ouvrir l'univers des entreprises à ce que vivent leurs collaborateurs à l'extérieur.

---

4. *Op. cit.*

Qui plus est, il est vital pour tous que la femme ou l'homme privé développe ses racines et son intériorité et que cette dernière continue à l'irriguer dans l'entreprise. Nous faisons aujourd'hui face à des enjeux humains, sociétaux et économiques tels qu'il nous faut absolument pouvoir nous appuyer sur des leaders en situation de mobiliser toute leur puissance de ressenti, de compréhension et de connexion avec leur environnement. Nous ne parlons pas nécessairement ici des managers institutionnels qui, dans un certain nombre de cas, peuvent être plus des gestionnaires que des leaders véritables. Nous parlons de leaders d'opinion au sein de l'entreprise : ceux qui savent développer et enraciner une vision, qui arrivent à la décliner en conséquences concrètes relatives au milieu dans lequel ils se trouvent, qui ont la volonté et la capacité de convaincre, et enfin l'énergie et le savoir-faire de la mise en œuvre.

Il y a donc un enjeu collectif à essayer d'aider les personnes exerçant des responsabilités en entreprise à gagner des espaces de liberté, à se laisser déplacer, à regarder le monde avec d'autres lunettes que celles du dirigeant qui n'a d'autre horizon que son quotidien dans l'entreprise.

Construire la confiance

Pour construire du sens, encore faut-il sortir des fausses évidences, entrer en dialogue avec d'autres, savoir se laisser déplacer... C'est sans doute facile à dire et le lecteur considérera peut-être que ce sont des intentions bien sympathiques qui « ne mangent pas de pain ». Dans les faits, si on les poursuit sérieusement, elles sont d'une exigence énorme pour des dirigeants en entreprise déjà assommés par leurs responsabilités opérationnelles. Ces dirigeants ont vraisemblablement autre chose à faire de leurs journées de travail que de chercher à se faire déstabiliser, à s'ouvrir à l'autre pour comprendre ce qui, chez le critique le plus virulent, et parfois le plus malveillant, est néanmoins juste. Ils n'ont pas envie de se remettre en question de façon permanente. Et pourtant, c'est essentiel. Il y a là l'appel à une exigence personnelle – et à terme collective – puisque la question est d'intérêt général. Mais l'exigence seule ne suffit pas. Elle doit être associée à un certain lâcher-prise. Et ce dernier passe en premier lieu par la confiance.

Prendre l'habitude, au sein des équipes, de faire état des qualités des uns et des autres, s'efforcer de porter un regard bienveillant, stimulant, sont autant d'ingrédients indispensables à un vrai travail en commun. Comment être en confiance sans se parler ? Comment se dire des choses difficiles si l'on ne sait pas exprimer les choses positives ? Pourquoi est-ce parfois plus difficile de dire des choses positives plutôt que les choses négatives ? Il est nécessaire de s'entraîner ; l'agilité collective s'apprend, se travaille : elle générera à terme une intelligence collective, celle dont l'entreprise a absolument besoin pour opérer les changements indispensables.

L'un des membres de l'EBN expliquait avoir ainsi été interpellé par son équipe, sensibilisée à la puissance de l'intelligence collective. Ses collègues ont suggéré d'ouvrir cette démarche aux fournisseurs, qui évoluent dans un écosystème autre. Ils ont ainsi décidé d'inviter les fournisseurs clés de leur entreprise, les premiers de leur catégorie, afin de réfléchir avec eux sur la vision de leurs relations dans les cinq années à venir. Pour préparer au mieux cette rencontre, il leur avait été demandé de réaliser un *paperboard* expliquant pourquoi, selon eux, ils étaient les premiers dans leur domaine. L'un des fournisseurs a présenté un tableau avec des magnets représentant chacun un argument : les produits, le service, le réseau, le service après-vente, etc. Au milieu de la feuille, il avait placé le mot « confiance », si évident... Car il n'y a pas de *business* sans confiance. Ce mot central est la clé de la construction de toute relation. Les responsables achats des entreprises ont à créer du lien entre l'écosystème de leur entreprise et celui de chacun de leurs fournisseurs.

Travaillant sur l'évolution prospective de leurs relations de confiance à un horizon de dix ans, les participants ont tous été surpris de ce qu'ils avaient pu produire et de ce qu'ils s'étaient dit. Plusieurs d'entre eux ont témoigné qu'en trente ou quarante ans de carrière ils n'avaient jamais fait cela.

Les défis que nous avons à relever sont donc sociaux, culturels et humains avant d'être technologiques ou économiques. Et il reste beaucoup à faire pour entreprendre une transition juste. Mais l'innovation commence dans la relation et les leviers fédérateurs que sont la confiance et la bienveillance, seuls moyens dont nous disposons tous pour poser des passerelles vers le futur inconnu.

Nos sociétés sont confrontées à un changement de paradigme qui génère des angoisses, des inégalités et qui déséquilibre les écosystèmes. Mais qui peut être aussi source d'opportunités. Le temps du héros sauveur, de celui qui sait, qui peut seul, est révolu. Seule une action collective, basée sur une confiance mutuelle, pourra fournir une solution effective à ces maux divers.

Acteurs en entreprise, nous avons un lourd travail à réaliser autour de la question de la confiance. Il est de bon ton, dans certains milieux, de dédaigner cette question et de croire que tout est rapport de force. Ce qui est une vision évidemment simpliste des rapports humains. Certes certaines entreprises, en particulier parmi nos partenaires anglo-saxons, ont tendance à commencer par envoyer des bataillons d'avocats dès qu'elles veulent parler coopération ou partenariat. Des avocats pour se prémunir de l'autre, mais aussi (parfois, souvent ?) pour se garder la plus grande marge de manœuvre possible au détriment de l'autre. Mais quel dirigeant d'entreprise peut réellement croire que nous puissions développer du business sans la confiance ? Quel signataire de contrat peut décemment croire qu'un seul document dise le tout d'une coopération à venir ? Quel manager qui embauche un nouveau collaborateur peut croire que le contrat de travail, ou même les objectifs annuels que mettent en place beaucoup d'entreprises, vont pouvoir tout dire de la relation entre son collaborateur et lui ?

Tenir le rapport de force et le formalisme contractuel pour le tout de l'activité économique, c'est vouer l'entreprise à sa perte, parce que, sans confiance, jamais un contrat, aussi bien rédigé soit-il, ne pourra garantir la réussite d'une coopération au-delà d'une réalisation à court terme de quelques prestations basiques, dont il ne faudra pas attendre plus que le minimum acceptable. Il n'y a pas de contrat commercial, de partenariat qui se développe, de collectif qui fonctionne s'il n'y a pas un présupposé de bonne foi de part et d'autre.

Jamais l'humanité n'a eu à faire face à autant de mutations simultanées. Jamais elle n'a disposé d'autant de connaissances, de compétences, d'outils et d'expériences. Jamais elle n'a eu autant besoin de coopérer. Il nous faut donc pour cela commencer par apprendre à nous ouvrir à l'autre, à ses contraintes, à ce qui constitue sa réalité et sa vision du monde.

Tous ces éléments finissent par dessiner en creux de nouvelles formes nécessaires de *leadership*. Un *leadership* qui n'est plus l'apanage de quelques personnes au sommet de l'entreprise, mais un *leadership* distribué, porté par tous les hommes et femmes de bonne volonté qui, au sein de l'entreprise, veulent travailler à faire advenir une nouvelle forme de modernité. Et s'il va falloir de plus en plus de personnes pour incarner ces nouvelles façons d'être, il va également falloir de plus en plus d'entreprises qui les acceptent, voire qui les favorisent. C'est un enjeu clé de la transformation de l'entreprise.

Chapitre 6. L'entreprise doit aider à transformer le système

Nous venons de décrire quelques attitudes personnelles et collectives qui illustrent un possible renouvellement de nos manières d'habiter le monde qui nous entoure. Ces attitudes contribuent à transformer de l'intérieur la vie des entreprises. Mais elles ne peuvent être pérennes et fécondes que si elles s'inscrivent dans un cadre qui leur permet de s'y déployer. Sinon, le décalage entre les options personnelles des salariés et des dirigeants et leur organisation peut aboutir à un mal-être personnel et collectif qui est mortifère autant pour les personnes que pour l'organisation. Il y a donc lieu de se demander ce qui est du ressort des entreprises pour lutter contre la schizophrénie de leurs salariés et avancer dans la mise en œuvre de la transition écologique et énergétique.

Pour commencer, un changement de culture est indispensable : il nous faut sortir de la dépendance aliénante à l'égard de la finance érigée en idole [1] pour faire d'elle un outil au service des projets écologiques et économiques de long terme. Et il s'avère tout aussi nécessaire d'apprendre à identifier les marges de manœuvre structurelles des entreprises qui leur permettraient d'entrer dans cette logique. Analyser une situation spécifique de lutte contre une corruption endémique peut nous aider à mieux comprendre en quoi des procédures et règlements d'entreprise associés à une ligne managériale claire peuvent contribuer à une transformation efficace des pratiques. Et il ne tient qu'à nous d'en faire autant

1. Gaël Giraud, *Illusion financière*, Ivry-sur-Seine, Les Éditions de l'Atelier, 2013.

avec d'autres sujets, comme par exemple les transformations possibles des pratiques de lobbying, en vue d'une prise en compte par l'entreprise des intérêts collectifs de long terme. Ou encore l'analyse, dans le cas de l'*impact investing*[2], des leviers institutionnels qui peuvent soit favoriser, soit limiter le financement à grande échelle de bonnes pratiques locales.

Mais il ne nous faut pas oublier pour autant que toute évolution structurelle a besoin également, à un moment donné, de prendre appui sur des transformations juridiques.

Sortir de la culture financiarisée court-termiste

Indispensable pour irriguer l'activité réelle des entreprises dans le cadre de projets ayant une utilité sociale, notre système financier devient une menace pour tous dès lors qu'il capte pour lui-même une proportion démesurée de la valeur ajoutée et qu'il finit par concentrer les richesses sur une toute petite minorité d'individus en accroissant les inégalités de façon abyssale. Ainsi, selon les calculs de l'ONG Oxfam, soixante sept personnes détenaient, en 2014, autant de richesses que la moitié la plus pauvre de la population mondiale... Et si l'on sait que les États ont pu dégager l'équivalent de 4 000 milliards d'euros pour sauver le système bancaire de la crise systémique depuis 2008[3], en revanche on ignore encore quels seront les fonds qui pourront être consacrés par chacun des pays du monde à la transition écologique dans les années à venir, ou encore si le Fonds vert pour le climat décidé au sommet de Copenhague de 2009, destiné à financer la transition écologique dans les pays du Sud à raison de 100 milliards de dollars par an d'ici à 2020, sera effectivement constitué[4]... sans compter qu'il y aura aussi les montants à mettre en place pour permettre une transition acceptable pour les moins favorisés de nos pays développés.

Dans ce cadre, les entreprises (industrielles) sont souvent victimes et parfois complices du système. Il est certain que la plupart des petites, moyennes et très petites entreprises (PME et TPE) font les frais de l'orientation actuelle des flux financiers mondiaux vers des retours sur

---

2. Le terme provient d'une étude de la Fondation Rockfeller de 2009 qui propose de qualifier d'« investissement à impact » les investissements réalisés dans des projets ayant comme objectif premier de répondre à un besoin social.

3. Gaël Giraud, *op. cit.*, 2013, p. 73. Pour un historique des interventions des banques centrales américaine et européenne, voir aussi Guilhem Bentoglio et Guillaume Guidoni, « Les banques centrales face à la crise », *Revue de l'OFCE*, n° 110, juillet 2009.

4. Ce fonds était doté de 10 milliards de dollars seulement début 2015.

investissement à très court terme. Les grandes entreprises, elles, ont leur part de responsabilité dans le développement de pratiques destinées à tirer parti des défaillances de l'organisation internationale des échanges[5] : 70 % des échanges financiers internationaux se font, en 2014, dans des *dark pools*, lesquels échappent au contrôle du régulateur[6]. Des pratiques d'optimisation fiscale – légales mais extrêmement agressives et dommageables pour les pays qui ne sont pas des paradis fiscaux –, voire des pratiques d'évasion fiscale – illégales, il va sans dire – ont contribué et contribuent encore à diminuer fortement l'assiette fiscale des États et leur capacité à financer des projets de développement écologique et social. Les exemples extrêmes de Google, Apple, Microsoft ou Amazon, qui ont bénéficié de dispositifs leur permettant d'être domiciliés en Irlande, au Luxembourg ou dans d'autres paradis fiscaux en ne payant quasiment aucun impôt sur les sociétés sont bien connus : ils illustrent les effets pervers d'une architecture financière internationale défaillante. Et lorsque les entreprises donnent la priorité à l'exigence de rentabilité à très court terme pour les actionnaires, cela a également pour conséquence une moindre attention aux enjeux extrafinanciers de leurs activités ; et donc aux moyens qu'elles ont à mettre en œuvre pour développer une activité économique soutenable. Comme le soulignait Ángel Gurria, secrétaire général de l'OCDE, s'adressant à l'Académie diplomatique internationale lors d'une conférence à Paris le 6 novembre 2014, juste avant une réunion du G20 en Australie :

> « Les multinationales paient aussi peu d'impôts qu'elles le peuvent – alors qu'elles sont les plus grandes contributrices possibles pour les pays. Elles pratiquent ce que nous avons rendu possible par soixante-dix ans d'efforts pour éviter la double imposition, et sont arrivées à obtenir une parfaite non-imposition... Nous devons changer les règles, démanteler l'édifice que nous avons construit. »

Il y a vingt ans, ajoutait-il, aucun échange de renseignements fiscaux n'existait entre pays. Depuis, quarante accords ont été signés, entre 1994 et 2009, suivis de 3 000 échanges bilatéraux de renseignements sur demande signés en cinq ans. Cette évolution n'est pas sans rapport avec la crise de 2007-2008. Les États ont alors pris conscience de la

---

5. Nous reviendrons dans le chapitre 7 sur leur poids politique.

6. Les *dark pools* sont des systèmes alternatifs aux grandes bourses réglementées de chaque pays qui permettent à leurs clients de rester anonymes. Source : Durbeville, ancien patron de Goldman Sachs, interviewé dans *Le Prix à payer*, documentaire canadien de Harold Crooks, 2015.

nécessité de combattre les inégalités, de stopper la détérioration de la confiance des citoyens, liée pour partie au sentiment d'injustice quant à la répartition de l'effort fiscal. Et l'objectif maintenant poursuivi par l'OCDE, pour lutter contre l'évasion et la fraude fiscales, est de parvenir à un échange automatique de renseignements fiscaux entre États d'ici à 2017-2018.

Le contexte actuel est donc en train de changer. Au point qu'il devient même politiquement souhaitable d'encourager la mise en place de cadres favorisant une contribution des entreprises à un développement soutenable par une meilleure convergence entre logique financière et extrafinancière. C'est dans ce cadre nouveau que les entreprises ont un rôle à jouer.

Changer les règles internes : l'exemple de la corruption

Lorsque l'on se penche sur la transition écologique et les défis qui lui sont liés, il est souvent d'usage de prendre pour exemple les pratiques des pays dits « mûrs » ou « industrialisés » et de vouloir en appliquer les enseignements aux pays dits « en voie de développement ». Cela n'est cependant pas toujours pertinent car ils ont souvent beaucoup à apprendre aux pays dits « mûrs ».

Dans le domaine législatif lié à la protection de l'environnement, les pays en voie de développement peuvent être en avance. Par exemple, la législation indienne impose pour toutes les industries une notion de « zéro rejet liquide » qui prévoit de recycler et de réutiliser à 100 % l'eau utilisée dans le processus industriel. En France, l'eau est retraitée puis regagne les rivières et n'est donc pas recyclée.

La mise en accord avec la législation d'un pays peut représenter pour une multinationale décidant de s'y implanter un défi majeur en termes de technique et d'investissements, mais susceptible néanmoins de bénéficier par la suite à l'ensemble de ses implantations. Toutefois, ce n'est pas parce qu'une législation nationale sera très stricte que la situation énergétique, environnementale et écologique du pays cessera d'être préoccupante. Une des raisons majeures en est très souvent la corruption qui permet de contourner les lois considérées comme trop restrictives ou trop onéreuses à mettre en œuvre.

Réfléchir aux conditions d'exercice d'une activité durable par les entreprises conduit inévitablement à s'interroger sur la corruption. Certains restent réservés quant à la pertinence d'un combat contre la corruption, dès lors qu'elle représenterait une donnée culturelle incontournable dans le pays concerné. En effet, des sociologues ont analysé le rôle positif que peut jouer l'habitude de privilégier les proches, et de les faire bénéficier de transferts en nature ou en espèces. Au sein de familles élargies, la petite corruption peut ainsi s'apparenter à une forme de redistribution qui n'apparaît pas forcément antinomique avec les conditions d'un développement durable.

Toutefois, il faut reconnaître les effets éminemment pervers de la justification d'une systématisation de ces pratiques par des acteurs économiques à leur profit. La corruption, en privilégiant un petit nombre de bénéficiaires tout en niant les droits des autres, peut en effet gangréner tout un système, détruire la confiance entre les individus et nourrir l'opacité puis le crime. C'est donc au nom de la reconnaissance de ce mal structurel que le Pacte mondial de l'ONU invitant les entreprises et organisations à respecter les principes relevant des droits de l'homme, du droit du travail et de la protection de l'environnement, a été complété par un dixième principe relatif à la lutte contre la corruption, quelques années après son lancement par son secrétaire général d'alors, Kofi Annan, en l'an 2000.

La corruption n'est pas l'apanage des seuls pays en voie de développement. La France elle-même n'est pas bien classée dans les enquêtes internationales[7]. Aussi toutes les entreprises finissent-elles par être confrontées un jour à cette alternative : refuser de payer un pot-de-vin et faire face à des difficultés techniques synonymes de coûts ou de délais supplémentaires, ou bien accepter la corruption. Ce qui veut aussi dire, par conséquent, que chacun, dans sa vie privée comme dans sa vie professionnelle, peut se retrouver face à des problèmes de corruption. Or, tant qu'on n'y a pas été confronté, il est difficile de se rendre compte de la pression que la corruption peut exercer. À quelles conditions les entreprises, à quelles conditions les personnes impliquées peuvent-elles alors y résister ?

Ainsi Jacques, membre de l'EBN, s'est retrouvé nommé dans un pays asiatique où la corruption est réelle, avec pour mission d'y créer une nouvelle entité. Ce qui l'a conduit, au quotidien, à superviser le recrutement des employés, à gérer les relations avec tous les sous-traitants et à piloter les négociations avec le gouvernement et les administrations

7. Selon Transparency International, la France ne se situe en 2014 qu'au 26e rang des pays considérés comme les moins corrompus.

pour l'obtention des permis de construire et d'opérer nécessaires au projet :

> « J'ai la chance de travailler pour une entreprise qui m'avait donné une directive très claire : aucune corruption, aucun échange d'argent, direct ou indirect, ne serait accepté. Le fait d'avoir cette directive dès le départ m'a donné la force nécessaire pour pouvoir avancer. Mais ce n'était pas le cas de certains collègues expatriés pour d'autres entreprises qui se voyaient obligés dans certains cas, le plus souvent de manière indirecte, de passer à l'acte, sous la pression de leur siège en France, obsédé par la rapidité du retour sur investissement. Le PDG de notre groupe, lui, m'avait dit clairement qu'il ne voyait aucun problème à ce que mon projet prenne du retard du fait d'éventuelles pressions ou tracasseries externes. Ceci m'a beaucoup soulagé. »

De façon générale, pour résister à la corruption dans ce type de circonstances, trois choses s'avèrent indispensables :

– une déclaration éthique de l'entreprise sans équivoque, aussi bien en interne qu'en externe ;

– une ligne hiérarchique soutenant les employés de façon indéfectible, parce qu'en complet accord avec cette déclaration ;

– un système d'audit éthique qui garantisse une forme de transparence aux pratiques de terrain dans les domaines sensibles.

> « En permanence, j'étais regardé comme un être étrange. Tantôt avec bienveillance, tantôt avec un léger agacement ou même avec sarcasme. C'est là qu'il convient surtout d'avoir quelqu'un à qui parler, car on court le risque de perdre ses repères, même si l'on est solide. Mon responsable hiérarchique, qui résidait dans un autre pays, a été un constant soutien lorsque j'avais un doute ou que la pression devenait trop forte. Et le partage diminue le niveau de stress. C'est donc aussi la consigne que j'ai passée à mes équipes : "Dans le doute, venez me voir." Ce qui m'a permis de servir de parapluie à mes subordonnés devenus capables de dire lorsqu'ils se trouvaient acculés : "Ce n'est pas moi, c'est la politique de l'entreprise, c'est mon chef qui ne veut pas." Et de laisser ainsi glisser sur eux la pression. »

Ce qui n'a pas empêché un des proches collaborateurs de Jacques d'accepter de mettre un véhicule de l'entreprise à la disposition d'un membre de sa famille, pour un usage privé. Sans même prendre la peine de falsifier les documents. Ce qui permit à Jacques d'interroger son collaborateur sur ses raisons. Reconnaissant les faits, ce dernier lui dit alors avoir choisi de ne pas lui en parler parce qu'il savait que Jacques aurait refusé, alors qu'il lui semblait que c'était une bien petite chose qui lui permettait de faire avancer un de ses dossiers en suspens depuis des mois. Et qu'il comprendrait que Jacques ferait ce qu'il avait dit : lui demander de quitter immédiatement l'entreprise. Ce qui a été le cas.

Même type de difficulté avec l'ensemble des sous-traitants de l'usine. Alors que tout avait été clairement spécifié dans les contrats qu'ils avaient signés, lorsqu'ils ont commencé à voir les audits qui étaient mis en place, ces sous-traitants ont réagi en disant qu'on les empêchait de travailler. Et donc qu'ils allaient devoir revoir leurs délais et leurs coûts. Ils n'avaient pas compris de prime abord que l'entreprise multinationale avec laquelle ils avaient signé leur demandait de respecter non seulement la lettre, mais surtout l'esprit du contrat.

Dans l'expérience de Jacques, le refus de la corruption a donc été une lutte de chaque instant. Il s'en explique :

> « Vous avez un devoir d'exemplarité. Tout dossier comportant une erreur devient par nature objet de discussions et de pressions. Est-ce que le fait que notre organisation se soit comportée de la sorte a permis de faire évoluer les mentalité de l'écosystème autour de nous ? Je n'aurais pas la prétention de répondre par l'affirmative. Ce que je peux dire, c'est que notre ténacité a fait que la pression qui s'exerçait sur nous a diminué petit à petit.
>
> D'autre part, notre mode de fonctionnement sans corruption a engendré des retards dans les dossiers, retards que l'ensemble de l'organisation était prêt à accepter. Si les autres entreprises considèrent le délai comme le critère d'ordre numéro 1, dans ce cas, elles ne sauraient suivre le chemin que nous avons suivi. Mais à plusieurs reprises, des personnes m'ont dit : "Nous avons besoin d'entreprises comme vous." Ce qui est encourageant. Mais souligne aussi combien l'exemplarité de chaque individu et de chaque organisation est indispensable pour avancer ensemble dans la bonne direction. »

Depuis le milieu des années 1990, de gros progrès se font sentir dans la volonté des pays de lutter contre la corruption. Ils sont de plus en plus nombreux à se doter de lois d'extraterritorialité qui permettent de sanctionner des faits de corruption qui se sont déroulés en dehors du territoire national. C'est le cas des États-Unis et de bon nombre de pays de l'OCDE, dont la France. Et, aujourd'hui, de la Chine. Le montant des amendes et les peines de prison ferme infligées par des tribunaux à de nombreux dirigeants, face à une corruption toujours plus importante, sont en train de transformer radicalement la donne.

Promouvoir une transformation stratégique vers un lobbying responsable

Le cas de lutte contre la corruption qui vient d'être analysé illustre les marges de manœuvre dont peut disposer une entreprise qui, imposant une ligne de conduite extrêmement claire à tous les niveaux de management, permet une transformation des règles du jeu dans son propre écosystème. Mais jusqu'à quel point l'entreprise peut-elle infléchir par elle-même des règles qui semblent critiquables ou illégitimes au regard d'enjeux collectifs plus larges ? Le cas du lobbying permet de s'interroger sur les espaces de liberté et la responsabilité des acteurs économiques, notamment des dirigeants, vis-à-vis de la modification des règles du jeu. Pour résumer le défi : l'entreprise peut-elle faire du lobbying, exercer une influence sur l'édiction des règles, en vue du bien commun et non pas seulement pour défendre ses intérêts privés ?

Premier exemple : la régulation du marché du pétrole

À l'été 2008, peu avant la faillite de la banque Lehman Brothers, le prix *spot* du baril de pétrole brut atteint 140 dollars sur les marchés mondiaux. À l'automne, il ne vaut plus que 35, pour revenir vers 70 dollars par baril au printemps 2009 [8].

Dans ce contexte, Nicolas Sarkozy et Gordon Brown, respectivement président de la République française et Premier ministre britannique, publient une tribune dans le *Wall Street Journal* du 8 juillet 2009 sous le titre : « Les prix du pétrole ont besoin de supervision gouvernementale. La stabilité bénéficie aux producteurs et aux consommateurs [9] ».

Dans les semaines qui suivent, le leader français du secteur pétrolier, Total, est sollicité, tour à tour, par les principales administrations de l'État pour apporter un élément de réponse à cette demande présidentielle urgente : comment faire pour réguler le prix du pétrole ? Des membres de ses équipes, spécialistes du fonctionnement des marchés pétroliers, sont impliqués dans ces échanges et découvrent avec surprise que, malgré la très grande qualité personnelle de chacun de leurs interlocuteurs au pedigree académique impressionnant, pas un de ces régulateurs potentiels

8. Avant de remonter vers un plateau entre 100 dollars et 110 dollars entre 2011 et mi-2014, puis plonger à nouveau pour revenir en dessous de 60 dollars en juillet 2015.

9. Gordon Brown et Nicolas Sarkozy, « Oil Prices Need Goverment Supervision: Producers and Consumers Benefit from Stability », www.wsj.com, 8 juillet 2009.

des marchés pétroliers à la tête de l'État n'a jamais eu la moindre expérience concrète, pragmatique, du fonctionnement d'un marché.

Les représentants de l'entreprise engagent donc cette négociation – potentiellement bénéfique pour le devenir de leur entreprise – dans des conditions complètement asymétriques entre les deux parties. Mais ils courent en prime le risque d'aboutir à la production d'un cadre de régulation du marché potentiellement plus dommageable que la situation initiale, faute d'une bonne maîtrise technique du sujet par les apprentis régulateurs qu'ils sont tous. Ils se confrontent ainsi, sans le vouloir, au dilemme éthique de tout lobbyiste : que faire de cette non-maîtrise technique détectée chez leurs interlocuteurs ? En tirer parti pour pousser en faveur d'une régulation qui serve les intérêts de leur entreprise ? Ou faire le choix de la transparence pour permettre l'émergence de cadres réglementaires qui permettent à tous d'opérer de façon pérenne sur ces marchés ?

Le choix effectué alors du côté de l'entreprise fut celui de la transparence. Ses experts formèrent leurs interlocuteurs au fonctionnement des marchés pétroliers, avant de préconiser la rédaction d'un rapport [10] sur la volatilité des prix du pétrole, puis d'accepter d'y prendre part pour que sa fiabilité technique permette au ministre des Finances et aux autorités françaises de le reprendre à leur compte, en particulier dans le cadre du G20.

À l'occasion de la rédaction de ce rapport, les représentants de l'entreprise firent deux autres découvertes. La première fut que, si leurs interlocuteurs n'avaient aucune expérience concrète des marchés de matières premières, tous avaient une certaine représentation de leur fonctionnement, résultant pour l'essentiel de la consultation de sources universitaires faisant autorité en la matière... dans le monde académique. Si bien que ce que leurs interlocuteurs tenaient pour vrai du fonctionnement des marchés – qu'ils mobilisaient au service de leurs argumentations – se révéla à bien des égards ne pas avoir grand-chose à voir avec la réalité que leurs pairs praticiens des marchés pouvaient observer au quotidien [11]. D'où un risque d'incompréhension mutuelle, de dialogue de sourds, voire de rapports de force.

10. « Rapport du groupe de travail sur la volatilité des prix du pétrole », sous la présidence de Jean-Marie Chevalier, février 2010.

11. Voir Frédéric Baule, « Proposition 9 : restaurer la fonction première des marchés à terme de matières premières », *in* Gaël Giraud et Cécile Renouard (dir.), *Vingt propositions pour réformer le capitalisme*, Paris, Flammarion, 2012.

La deuxième découverte, encore plus surprenante, fut que personne, *in fine*, au sein de l'administration française, ne semblait avoir été mandaté pour s'interroger sur la pertinence du niveau du prix du pétrole. Comme si la valeur d'un prix de marché, par définition, ne pouvait pas être interrogée. Alors que ce prix résulte du croisement de multiples facteurs, de l'évolution du cours du dollar, en passant par l'évolution des réserves mondiales, des tensions géopolitiques, de la spéculation, et de choix, politiques, de pays producteurs membres de l'OPEP.

Autrement dit, ce n'est qu'après la succession fortuite de deux événements (le dysfonctionnement des marchés financiers, d'une extrême violence, observé en 2008, et la nécessité politique pour un président de la République de tenter de prendre la main au cœur de la crise) que des opérateurs des marchés financiers ont eu la possibilité de remettre en cause, dans leur domaine, la représentation du monde – inopérante, mais jugée vraie – que leurs interlocuteurs de la haute fonction publique avaient héritée de la *doxa* néolibérale partagée par leurs prédécesseurs, leurs supérieurs et leur pairs.

Finalement, pourquoi s'en étonner, alors que très majoritairement les décideurs économiques endossent une vision économique orthodoxe dont ils savent pourtant que le substrat idéologique[12] occulte des pans entiers de la réalité dont ils sont partie prenante ? Simples citoyens, sommes-nous réellement à l'abri de ce type de situations où les pratiques héritées de nos pères et notre propre intérêt ne nous incitent pas à faire preuve d'esprit critique ?

Vers un lobbying proactif des entreprises pour des régulations vertueuses ?

Les entreprises ne se meuvent pas dans un espace vierge mais dans un monde politique qui édicte les règles du jeu. Beaucoup de décisions politiques ou de régulations ont déjà transformé l'économie, y compris sur les questions de pollution, où ce qui pouvait sembler acceptable il y a quarante ou cinquante ans en termes de rejets polluants et d'utilisation

12. Accepter de réduire l'homme à un *Homo œconomicus*, croire à l'efficience des marchés, postuler que l'équilibre est l'état de référence pour tout marché, considérer que les banques ne jouent aucun rôle économique, ignorer la contribution de l'énergie au fonctionnement de l'économie : autant de dogmes que les maîtres de la discipline « économie » continuent encore trop souvent d'enseigner comme des vérités absolues et non comme des clés de lecture parmi d'autres. Voir Steve Keen, *L'Imposture économique*, Ivry-sur-Seine, Les Éditions de l'Atelier, 2014.

de composants toxiques est totalement inenvisageable aujourd'hui. De même que les obligations imposées au monde automobile ont permis en vingt ans une réduction de la consommation d'essence au kilomètre [13] ainsi que des rejets de polluants ; les décisions d'abandon des ampoules à incandescence au profit des ampoules halogènes et à basse consommation, et peu à peu au profit des leds, ont largement contribué à réduire la consommation électrique [14]. Ces régulations sont évidemment structurantes pour l'industrie. Bien entendu, elles génèrent dans les entreprises des coûts importants de R&D et parfois (mais pas toujours) des coûts supplémentaires de fabrication, ce qui d'une façon ou d'une autre se traduit sur le prix de vente au consommateur. Mais puisque nous n'avons plus le choix, ces produits vont trouver leur place sur le marché.

Inversement, il reste des espaces où aucune forme de régulation n'entre en vigueur. L'entreprise peut alors avoir une attitude passive et considérer qu'en l'absence de régulation, de coût du carbone rejeté, ou de coût suffisamment important de l'énergie et des matières premières, des solutions innovantes « vertueuses » ne vont pas pouvoir trouver leur place sur le marché ; et donc qu'il n'y a rien de mieux à faire qu'attendre avant de changer quoi que ce soit, en vendant les solutions les plus « rentables » sur le marché en l'état. Même si ces solutions sont parfois les plus polluantes.

Bien souvent, d'ailleurs, les entreprises n'hésitent pas à exercer un lobbying forcené pour prévenir tout risque de voir une régulation remettre en cause leur profitabilité ou leur *business model*. Il en est ainsi des vendeurs d'armes aux États-Unis (au travers de la National Rifle Association, NRA) qui militent pour empêcher toute limitation du droit individuel à acheter des armes, et des marchands de tabac qui sont allés jusqu'à financer des publications prétendument scientifiques dénonçant tout rapprochement entre tabagisme et cancer. Mais c'est également le cas d'ExxonMobil et de Koch Industries qui ont respectivement versé, entre 2003 et 2007, 9 et 25 millions de dollars à des

13. En France, entre 1990 et 2010, la consommation est passée de 8,8 litres à 7,8 litres aux 100 km pour les voitures à essence. Source : Inspection générale des finances, note de synthèse, novembre 2012.

14. Les ampoules à incandescence transforment en lumière environ 3 % de l'énergie consommée. Les ampoules halogènes et à basse consommation permettent de gagner 75 % à 80 % d'économie d'énergie par rapport à une lampe à incandescence, et les leds 90 %. Source : Ademe, « L'éclairage performant », 2010.

« chercheurs » et à des groupements climato-sceptiques pour financer des études – biaisées – sur le sujet [15].

Cette forme de lobbying peut tout autant nuire aux entreprises qui y ont recours face à une opinion de plus en plus sensibilisée aux questions sociales, climatiques et écologiques. Pourquoi ces mêmes entreprises ne pourraient-elles pas tout aussi bien discuter avec les politiques de la mise en place progressive de solutions contraignantes, et dans le même temps accélérer la mise au point de solutions innovantes, voire le financement de démonstrateurs ? Elles convertiraient alors leurs usines et leurs systèmes de production aux nouveaux produits et *business models*.

Un article du *Wall Street Journal* du 7 juin 2013 entendait expliquer comment Ronald Reagan avait sauvé le monde du réchauffement climatique (rien que ça) en bannissant l'usage des chlorofluocarbures (CFC) en 1987 pour préserver la couche d'ozone. Et pourtant c'est le même Reagan qui s'était opposé jusque-là à toutes les mesures de protection de la couche d'ozone et de l'environnement. Signe d'une conversion intellectuelle tardive ? L'article révèle que l'entreprise DuPont de Nemours avait en fait trouvé, en 1987, des solutions alternatives aux CFC qu'elle envisageait de mettre sur le marché. Or ce marché ne pouvait se développer qu'en cas de bannissement des CFC. Et c'est pourquoi DuPont de Nemours était allé faire pression sur les autorités politiques américaines, obtenant du président qu'il s'en fasse le promoteur.

Une mobilisation de l'ensemble des acteurs est nécessaire pour assurer le succès de la transition écologique. Certaines entreprises ont bien compris le parti qu'elles pouvaient tirer de nouvelles formes de lobbying et s'associent, y compris parfois avec des organisations non gouvernementales, pour promouvoir telle ou telle régulation leur permettant de mettre en place une solution innovante favorable à la réduction d'émissions de GES. Dans le même ordre d'idées, l'initiative Refrigerants, Naturally ! rassemble autour de Greenpeace plusieurs grandes entreprises comme Coca-Cola et PepsiCo pour développer l'usage de réfrigérants naturels comme alternatives aux gaz fluorés, dangereux pour l'environnement.

Ces coalitions permettent également au secteur privé d'être acteur du changement et force de proposition. Un réseau mondial d'entreprises et d'expertise dédié au développement durable, Business for Social Respon-

15. Voir le rapport de Greenpeace « Qui se cache derrière les climato-sceptiques ? Greenpeace dénonce les pratiques de Koch Industries », http://energie-climat.greenpeace.fr, mars 2010.

sibility (BSR[16]), a ainsi lancé avec six autres organisations le We Mean Business qui « plaide pour une action globale de nature à fixer des règles du jeu et entend peser lors de la COP21, [appelant] ouvertement les gouvernements et les négociateurs internationaux à établir des règles et des politiques fortes en faveur du climat, car l'instauration de règles permettra de créer un socle sur lequel les entreprises pourront se concurrencer et réussir dans une économie à faible empreinte carbone[17] ». Reste à savoir comment de telles coalitions ne se réduiront pas à un *green washing* piteux...

Communiquer sur les mauvaises pratiques

Pour rendre le lobbying acceptable auprès de l'opinion publique et améliorer ainsi l'image de l'entreprise – ce qui est, ou devrait être, un sujet majeur pour l'entreprise –, il n'y a guère qu'une seule solution : la transparence. Que l'entreprise dise publiquement quelles sont ses positions sur certains sujets stratégiques comme l'énergie et le climat, quelles sont les instances qu'elle utilise pour être représentée auprès des pouvoirs publics et pourquoi. Que l'entreprise apprenne à mieux habiter l'espace public, à parler en vérité et aussi à dire ses limites et ses manques. Ce sont là les conditions indispensables d'une réconciliation entre l'entreprise et la société.

De façon presque étonnante on pouvait lire, dans le rapport annuel d'une entreprise : « Les actions de formation sur le code de conduite qui devaient être lancées en 2013 ont dû être décalées. » Quelle surprise de voir cette entreprise affirmer ainsi qu'elle « pouvait mieux faire », alors même qu'elle est parmi les plus avancées en matière de responsabilité sociale ! Nous ne sommes pas habitués, en effet, à ce que le code de conduite d'une entreprise puisse vraiment être pris au sérieux et non pas considéré simplement comme un outil de communication. À l'inverse, il est plus fréquent de voir des entreprises communiquer excessivement sur des bonnes pratiques sélectives, tout en oubliant de refléter les tensions

16. BSR est une organisation à but non lucratif qui accompagne son réseau mondial de plus de 250 entreprises membres pour construire un monde juste et durable. Avec ses bureaux en Asie, Europe (Paris et Copenhague) et Amérique du Nord, BSR développe des stratégies et des solutions de développement durable pour les entreprises au travers de conseils ciblés, de travaux de recherche et d'initiatives collaboratives multisectorielles.

17. Aron Cramer, « Climat : ce que peuvent faire les entreprises », www.lesechos.fr, 8 août 2014.

– par exemple, entre objectifs financiers et objectifs sociaux – auxquelles elles sont confrontées.

Prolonger la bonne pratique en changeant d'échelle : le cas de l'*impact investing*

Nombreuses sont les grandes entreprises occidentales, notamment d'origine française, qui prennent des engagements en matière de contribution à la transition écologique et au développement. Elles constituent des laboratoires enthousiasmants d'innovations plus respectueuses de nos écosystèmes et au service des plus défavorisés. Mais le changement d'échelle de tels projets, leur passage du test en laboratoire à la systématisation, est souvent une épreuve de vérité, susceptible de révéler si ces pratiques vont finalement n'en rester qu'au stade du projet pilote et éventuellement de la communication de façade, ou au contraire se déployer plus en profondeur avec des impacts économiques significatifs. Et pour changer d'échelle, le financement est un facteur clé, puisque ce sont des investissements supplémentaires qui peuvent permettre de diffuser une innovation à plus grande échelle.

Nous proposons ici une réflexion à partir de l'expérience vécue par Antoine, l'un des membres de l'EBN, autour d'un projet d'investissement solidaire en Afrique subsaharienne.

Small is beautiful

« Cela fera bientôt cinq ans que je suis en charge des investissements solidaires dans une multinationale industrielle française. Je suis arrivé à ce poste pour créer un fonds d'investissement permettant le soutien des initiatives d'électrification rurale en Inde et en Afrique dans le cadre d'un programme de RSE. Au départ, les ambitions étaient modestes (de l'ordre de 4 millions d'euros). Nous ciblions donc des initiatives de petite taille avec un fort contenu social. Apporter une réponse aux besoins de lumière et d'énergie était et reste une vraie source de satisfaction. Les choix se sont portés sur l'énergie solaire qui, pour des petites puissances, était la solution la plus facile à déployer et la moins chère. Dans le même temps, pour répondre aux obligations légales en matière d'épargne salariale, nous avons ouvert une poche d'investissements dédiée aux entreprises solidaires en France. Ce faisant, nous nous sommes retrouvés face aux deux versants de la transition énergétique pour les plus pauvres : accéder à une énergie propre et bon marché permettant le développement au Sud, et réduire la facture énergétique des plus pauvres sans dégrader leurs conditions de vie déjà difficiles au Nord.

Les deux premières années ont été particulièrement enthousiasmantes. Ce fut d'abord une période de construction. Il a fallu créer les structures juridiques, inventer les modes de fonctionnement, composer les différents comités. Comme personne n'avait encore fait ce que nous étions en train de faire, le projet a soulevé beaucoup d'intérêt tant en interne qu'en externe.

En interne, j'ai rencontré des interlocuteurs heureux de pouvoir participer à un projet porteur de sens. La direction générale s'est révélée très impliquée et motivée. Les budgets ont été acceptés et des membres de la direction ont accepté de participer aux différents comités. En termes de communication interne, c'était un projet fédérateur. Il y avait aussi bien sûr des voix discordantes critiquant soit le fait que l'entreprise porte un projet sans "création de valeur pour l'entreprise", soit une communication bien au-delà de la réalité des actions. Ces positions restaient très minoritaires dans mes rencontres. De plus, il était facile d'argumenter que la valeur créée pour l'entreprise était réelle même si elle n'était pas mesurable à court terme. La visibilité, la notoriété, la connaissance d'un marché potentiel permettaient de justifier le projet au regard même des seuls intérêts de l'entreprise. Concernant la communication, il était aussi facile de montrer que les actions étaient réelles et avaient un fort impact.

En externe, j'ai rencontré de nombreux interlocuteurs intéressés par le fait qu'une grande entreprise se lance dans une telle opération. Cet intérêt venait tant du milieu des affaires que du milieu associatif. J'ai ainsi rencontré à la fois des banquiers qui nous voyaient prendre pied dans la finance solidaire, domaine dans lequel ils étaient pour la plupart très peu présents, et des responsables de département "Développement durable" d'autres entreprises françaises. Dans le milieu associatif, j'ai pu nouer des collaborations avec certains fonds d'investissement solidaire (SIDI[18], par exemple) et des associations d'aide au développement. Enfin, j'ai pu rencontrer et créer des liens avec des entrepreneurs sociaux porteurs de projets passionnants comme les dirigeants du groupe Chênelet ou La Varappe[19]. Ces interlocuteurs étaient intéressés par la collaboration potentielle avec un acteur de type nouveau pouvant apporter, outre des financements, des compétences techniques et organisationnelles ainsi que des accès à des interlocuteurs différents. »

18. La SIDI (Solidarité internationale pour le développement et l'investissement) est une société anonyme solidaire créée en 1983 par une ONG de développement, le CCFD-Terre solidaire.

19. Le groupe Chênelet est un ensemble d'entreprises et structures partenaires du Nord de la France tournées vers l'insertion professionnelle de personnes en difficulté et vers l'invention de logements sociaux de très grande qualité. Le groupe La Varappe, très implanté en Provence - Alpes - Côte d'Azur, contribue également à la création de logements solidaires et à l'insertion professionnelle.

Il faut souligner que la période 2009-2010, pendant laquelle Antoine a mis en place ce projet, était favorable au développement durable, dont les principaux thèmes étaient portés par l'opinion publique. Il y avait donc une grande cohérence entre la construction du projet de fonds d'investissement, les attentes de nombreuses personnes et les convictions personnelles des porteurs du projet. Bref, au dire des acteurs, les vents étaient favorables, les choses étaient faciles et les coopérations fructueuses, même si les opérations restaient de petite taille.

Fin 2010, l'idée a été émise de changer d'échelle et de multiplier par dix les fonds destinés à l'électrification rurale. Puisque les premières expériences étaient favorables, la direction du développement durable a décidé que le temps était venu de sortir du cadre strict de la RSE d'une entreprise et de passer à une coopération avec d'autres acteurs pour augmenter significativement les montants investis. Cela pouvait en outre permettre de toucher un nombre véritablement important de personnes. Il a alors fallu chercher des partenaires financiers pour atteindre la somme de 40 millions d'euros. Antoine et son équipe ont alors changé de cadre de travail pour entrer dans l'*impact investing*. À titre personnel, Antoine était assez réticent à ce changement d'échelle car il se rendait compte que l'importance des montants en jeu accroissait significativement l'exigence du retour financier par rapport à la qualité du projet aux niveaux humain et environnemental.

Comment financer équitablement le changement d'échelle ?

L'*impact investing* repose sur l'idée que le développement des entreprises locales est la base nécessaire au développement des sociétés, en particulier celui des entreprises dont l'activité répond à des besoins essentiels de la population (agriculture, santé, éducation, énergie, eau, etc.). Au-delà des bénéfices générés par le produit ou service fourni, leur développement contribue à la création d'emplois, au paiement d'impôts, à une plus grande efficacité des services publics, etc. Pour que le développement de ces entreprises ne soit pas dépendant de subventions, elles doivent répondre aux critères de bonne gestion et se financer de façon « classique » auprès d'investisseurs ou de banques. Dans les faits, de telles entreprises sont peu nombreuses et n'ont pas accès aux sources de financement. Le risque perçu par les investisseurs et par les banquiers est trop important, aussi bien sur le plan externe (risque politique, risque de change) que sur le plan interne (pauvreté). Ces entreprises doivent servir des clients à faible capacité financière, habitant des régions mal desservies et avec qui la communication est difficile. Des clients, qui n'ont en général pas le bagage technique permettant de maîtriser les produits achetés et avec qui la relation de confiance est difficile à construire. Pour pallier ce défaut de financement, certains investisseurs acceptent de courir un risque supérieur à la norme et de percevoir une rémunération réduite, afin de permettre le développement de ces entreprises locales et favoriser ainsi celui des populations servies. Mais si le risque et le rendement sont hors normes, les méthodes et les outils sont ceux de la finance classique. En contrepartie du risque encouru et de la faiblesse du rendement, ces investisseurs vont demander à mesurer les impacts sociaux ou sociétaux positifs générés par les entreprises (par exemple, capacité d'accès des plus démunis à un bien, baisse de la mortalité infantile, développement de l'éducation féminine, diminution des émissions de GES, etc.) et poser des objectifs dans le but de justifier le résultat de la subvention indirecte incluse dans le financement.

Ce « financement pour l'impact » (*impact investing*) connaît aussi un certain nombre de limites. Chaque apporteur de financement a sa propre vision du risque, du rendement et de l'impact. Comme c'est une activité assez récente, l'historique est encore mince, ainsi que les études permettant de se positionner. La mesure de l'impact est aussi une charge financière dans le processus : qu'elle soit portée par l'entreprise ou par le bailleur, elle pèse et mobilise des fonds qui sont détournés du projet initial. Enfin, les objectifs d'impact fixés par les bailleurs peuvent avoir des effets pervers (comme toute mesure qui se transforme en objectif). Ainsi, un objectif quantifié de personnes ayant accès à l'électricité conduira les investisseurs à s'orienter vers des entreprises distribuant des produits bon marché pour maximiser le nombre de clients, au détriment de la qualité et de la puissance des produits installés (et donc de leur réelle utilité). *A contrario*, un objectif de puissance électrique installée orientera les investisseurs vers des entreprises fournissant des équipements productifs (pompes, moulins, etc.), mais laissant parfois les habitants dans le noir parce que ces entreprises pourraient « oublier » de s'intéresser à la façon dont les bénéficiaires pourraient se connecter à cette nouvelle puissance disponible. Enfin, la volonté d'investir dans des entreprises viables en utilisant les outils de la finance classique peut également entraîner des effets pervers en laissant de côté des personnes et des entités ayant des potentiels de développement de meilleure qualité mais n'ayant pas les ressources suffisantes pour bénéficier de ces investissements.

Dans l'expérience de création du fonds d'impact menée par Antoine au sein de son groupe, ce dernier a eu l'occasion de mesurer concrètement chacune de ces limites et d'en découvrir quelques autres liées à la spécificité du projet :

> « Ma première surprise lors des prises de contact avec les banques de développement a été leur niveau d'exigence de rentabilité. En première approche, 10 % leur paraissait être un minimum. Ce niveau me semblait clairement incompatible avec les *business models* des entreprises que j'avais pu rencontrer sur le terrain. En effet, pour générer un tel rendement en tenant compte de la rémunération de l'équipe de gestion et des pertes inévitables, cela revient à exiger des entreprises viables qu'elles restituent de l'ordre de 20 % à l'actionnaire. Un tel rendement traduit forcément à la fois un niveau de marge important financé par le client pauvre et une répartition de la valeur ajoutée qui sert les actionnaires avant les salariés, deux caractéristiques difficilement compatibles avec la notion d'"entreprise inclusive" – le nouveau terme pour parler de l'inclusion des personnes les plus démunies dans les processus économiques comme producteur, partenaire ou client – et qui vont réduire l'impact de ces entreprises sur le développement. On peut noter à titre de comparaison que les rendements de la finance solidaire en France sont plutôt de l'ordre de 1 % à 2 %. »

Soulignons également que le besoin de marge peut parfois conduire l'entreprise à des comportements néfastes en termes de choix des fournisseurs et de prise en compte des impacts environnementaux. Dans le cas de l'entreprise d'Antoine, les impacts économiques sont réduits par le fait que la grande majorité des produits distribués sont fabriqués en Chine (sans valeur ajoutée locale). En outre, les dirigeants sont souvent des non-résidents et la marge reste localisée dans des pays « développés ». Sur le plan environnemental, il n'y a pas de système de collecte et de recyclage des milliers de batteries et de panneaux distribués.

Ce n'est qu'à partir du moment où Antoine a rencontré des acteurs qui géraient des fonds publics et non les fonds propres de leurs institutions privées que les exigences de rendement sont passées sous la barre des 5 %. Ainsi, la Caisse des dépôts et consignations britannique gère des fonds de son gouvernement, la Banque européenne d'investissement des fonds européens, et Proparco[20] des fonds essentiellement français. Cela montre bien que le rôle des acteurs publics reste indispensable même

20. Filiale de l'Agence française de développement et d'actionnaires privés du Nord et du Sud, qui finance le secteur privé dans les pays en développement.

dans ce type de projet qui vise l'autonomie financière et l'indépendance face aux États.

Ces entités qui gèrent les fonds publics ont aussi la possibilité de distribuer des subventions pour permettre aux entreprises d'améliorer leurs compétences, de réduire les coûts liés à la réduction des impacts négatifs sur l'environnement (recyclage, traitement des déchets, etc.), ou encore de faciliter leur développement (financement d'études de marché, mise à disposition de personnel compétent, etc.). Globalement, ces subventions contribuent à améliorer l'impact de ces entreprises mais aussi à réduire le risque pour l'investisseur.

La deuxième surprise pour Antoine a été le niveau des salaires pratiqués :

> « Dans les premiers temps du projet, il a fallu recruter une personne issue du monde du *private equity*[21] pour m'aider à structurer l'organisation et implémenter des processus convaincants pour les investisseurs. L'idée étant, suite à cette première phase, que l'équipe prenne en charge la gestion du fonds levé. Les personnes contactées venaient soit de la finance classique, soit d'institutions d'aide au développement. Toutes avaient des exigences de rémunération bien supérieures aux standards d'une grosse entreprise industrielle, de l'ordre du simple au double pour des postes et des âges équivalents. Tous me disaient être motivés par le projet, son côté novateur, l'intérêt de l'objectif d'électrification rurale, mais personne n'envisageait d'accepter un salaire qui soit inférieur au "marché". Le fait que ce dernier soit en fait une bulle de quelques centaines de personnes déconnectées de la réalité ne changeait rien à l'affaire.
>
> Je suis resté avec une interrogation : un tel niveau de revenu est-il compatible avec une mission d'aide au développement ? Comment comprendre les besoins, les attentes, les modes de pensée et d'organisation de personnes qui ont non seulement des cultures différentes mais pour qui les questions qui se posent sont souvent des questions de survie, quand on dispose soi-même de revenus sans commune mesure avec les ordres de grandeur du pays concerné ? »

In fine, l'équipe recrutée a été basée au Kenya, dirigée par un Kenyan secondé par deux « expatriés » géographiquement proches des réalités locales, à défaut de les partager profondément. Ce choix était cohérent avec le fait que les sociétés dans lesquelles le fonds investissait étaient elles aussi majoritairement fondées et dirigées par des « expatriés ».

---

21. Le *private equity*, ou « capital-investissement », est une activité financière consistant pour un investisseur à entrer au capital de sociétés qui ont besoin de capitaux propres. La plupart de ces sociétés ne sont pas cotées en bourse.

De plus, au-delà des salaires, l'équipe qui gère un tel fonds bénéficie du même système d'intéressement aux résultats que dans les fonds classiques. Les membres de l'équipe investissent personnellement dans le fonds (en général à hauteur de 1 % des montants investis) et se partagent en contrepartie une part importante (de l'ordre de 20 %) des résultats réalisés au-delà d'un certain seuil. L'objectif de ce système est d'inciter l'équipe de gestion à « internaliser » le souci de la performance et de donner aux investisseurs une meilleure garantie sur la motivation et la pérennité de l'équipe. Dans le cas du fonds d'*impact investing* d'Antoine, il a été créé de sorte que le seuil de rendement minimum soit le plus faible possible pour que l'équipe ne renonce pas à des investissements à fort impact mais faible rendement et surtout pour éviter qu'elle se démotive si le rendement minimum s'avérait inatteignable. Mais, selon l'expérience d'Antoine, « cela peut aussi conduire l'équipe de gestion à maximiser le rendement aux dépens de l'impact pour augmenter encore sa part de rémunération ». Pour éviter un tel comportement, il a été envisagé un moment de lier le seuil de rendement minimum à l'impact effectif. Le choix des critères de mesure d'impact, le niveau des seuils et les modalités de mesure sont donc soudainement devenus des points de débats et de négociations tendues, donnant une réalité et une importance à des discussions jusque-là très théoriques. Pour finir, ce système a été abandonné car trop complexe.

Pourtant, il semble simpliste, voire contradictoire, de fonder la politique salariale de tels projets sur l'idée selon laquelle la rémunération serait la principale motivation des candidats. En effet, ce projet ne pouvait réussir que si ses porteurs avaient aussi (et surtout) développé une forte sensibilité au sens de leur travail et avaient partagé le souci du développement. Néanmoins, cette opinion n'était pas souvent partagée par les représentants des banques de développement rencontrés par Antoine, ce qui tenait peut-être au fait qu'ils étaient eux-mêmes fréquemment issus de fonds d'investissement classiques ou de grandes banques d'affaires.

Enfin, la spécificité de ce projet qui amène une grande entreprise comme celle d'Antoine à collaborer avec des banques de développement peut générer son propre lot de difficultés.

> « Gardiennes de la destination des fonds dont elles ont la gestion, les banques de développement ont cherché à faire en sorte que la multinationale ne puisse tirer aucun avantage de sa participation au fonds d'impact. Nous avons donc vécu dans un paradoxe permanent où les banques de dévelop-

pement soutiennent le projet du fonds d'impact et y participent, car la présence de la multinationale apporte des compétences techniques, une garantie de sérieux et de pérennité, et nous expliquent en même temps que nous sommes en position de "conflit d'intérêts", donc que nous ne pouvons pas avoir accès aux informations ni prendre part aux décisions. Le concept d'*impact investing*, qui réconcilie activité économique rentable et effets favorables, ne s'appliquait pas aux promoteurs du fonds d'investissement ! J'ai surtout vu dans ces discussions parfois irrationnelles l'impact du juridisme, des normes et des processus qui ont envahi les organisations aux dépens du bon sens et de la confiance. Il y avait aussi certainement un fond de méfiance envers la grande entreprise multinationale et ses agissements. »

En conclusion, les difficultés rencontrées étaient liées aux positions complexes des différents acteurs : d'un côté, la multinationale qui cherche à la fois un impact sur la question de l'accès à l'électricité et une veille marché et *business* ; de l'autre, les banques de développement qui cherchent à la fois un fort retour financier et un impact mesurable et communicable sur le développement. Mais ces difficultés ont surtout été liées aux tensions entre la méthode utilisée, à savoir déployer les façons de faire de la finance classique en faisant jouer des mécanismes de marché pour maximiser l'efficacité et l'autonomie des projets, d'une part, et l'objectif, c'est-à-dire permettre à des gens à très faible revenu d'accéder à un service essentiel, d'autre part. On retrouve la « ligne de crête » entre des objectifs parfois contradictoires, et il a fallu tout l'engagement de l'entreprise qui a souvent accepté d'aller « au-delà du raisonnable » pour que le projet aboutisse. Par ailleurs, la méthode retenue revient à appliquer dans des pays en développement ce qui ne l'est pas dans les pays développés qui mettent en place des péréquations et des tarifs sociaux pour garantir un accès universel à l'électricité. Enfin n'y a-t-il pas une contradiction à prétendre servir des populations pauvres tout en encourageant un petit nombre d'individus à s'enrichir significativement ? Il n'en reste pas moins que l'*impact investing* peut venir en complément des méthodes actuelles d'aide au développement qui montrent leurs limites dues à la réduction des montants disponibles.

Les inégalités de revenus à l'origine de bien des maux structurels

Dans le cas de l'*impact investing*, les rémunérations attendues par les apporteurs de capitaux ou de savoir-faire peuvent sembler démesurées au regard des ressources disponibles et même rendre impossible la réussite des projets. De la même manière, au sein de nos sociétés, l'écart excessif entre les niveaux de rémunérations ou de revenus des uns et des autres peut être à l'origine de nombreux effets pervers pour l'économie comme pour la cohésion sociale[22]. Une analyse détaillée de cette question – riche d'enseignements en vue d'une transition juste – n'est pas l'objet de ce livre. Mais il convient cependant de souligner combien elle peut intervenir de façon décisive dans nombre de blocages (personnels et institutionnels) rencontrés en entreprise face aux changements à mettre en œuvre en vue de la transition énergétique. Ce point est revenu de manière récurrente dans les réflexions menées entre les contributeurs de cet ouvrage.

Nous avons vu tout au long de ce livre que ce qui nous permettra collectivement de diminuer drastiquement nos émissions de gaz à effet de serre ce sont des éléments culturels, sociétaux et politiques, beaucoup plus que techniques et financiers. Non pas que ces deux derniers domaines n'aient pas d'importance, mais parce que nous sommes convaincus que nous avons les moyens et savoir-faire techniques et financiers nécessaires. Nous pensons que la question principale demeure celle de la mise en œuvre des savoir-faire. Nous avons vu que la réorientation de notre économie vers une économie décarbonée imposait de vrais changements systémiques et une attention soutenue à la justice sociale de la transition, faute de quoi cette réorientation n'a aucune chance d'être acceptée ni de se réaliser. Tout cela nécessite une attention particulière des entreprises, ainsi que de l'ensemble de leurs parties prenantes, au monde dans lequel elles sont insérées. Nous avons également pointé le nécessaire développement par les entreprises de logiques de collaboration et de vigilance constante, afin de contrecarrer les logiques de captation et de prédation. Il est illusoire de penser que nous arriverons à entrer dans de telles logiques collaboratives si les rémunérations (salaires et capitaux) explosent, car cela conduirait exactement à l'effet inverse.

Les banques internationales – toutes, y compris les banques françaises ! – en ont fait l'expérience au début de ce siècle avec leur population de traders et autres professionnels des salles de marchés : la démesure des incitations financières à la performance et l'importance des bonus ou autres rétributions peuvent provoquer des comportements addictifs chez leurs bénéficiaires, susceptibles de leur faire perdre le sens

---

22. Voir Gaël Giraud et Cécile Renouard, *Le Facteur 12. Pourquoi il faut plafonner les revenus*, Paris, Carnets Nord, 2012.

du licite et de l'illicite. C'est ce qui a conduit les différentes autorités nationales ayant entrepris de nettoyer ces nouvelles écuries d'Augias[23] à infliger des amendes de plus de 180 milliards de dollars aux banques concernées. Car un des effets pervers de nos modèles actuels de variabilisation des rémunérations en fonction des performances économiques individuelles – et non collectives – est de conduire peu à peu les personnes ainsi rétribuées à estimer leur valeur propre, en tant que personne humaine, en fonction du niveau atteint chaque année par cette reconnaissance financière, comparativement à celle obtenue par leurs pairs. Dès lors, l'estime de soi devenant ainsi fonction d'une variable quantitative, n'est-il pas logique que l'*ethos* personnel se transforme peu à peu – si l'on n'y prend garde – en course à la maximisation de la part variable de sa seule rémunération ?

C'est ce qui explique, entre autres, que dans une entreprise du CAC 40, en 2013, 50 % des actions destinées à rétribuer la performance de l'ensemble des personnels aient été attribuées à seulement une vingtaine de salariés – cadres dirigeants – alors que l'entreprise en compte plusieurs dizaines de milliers à travers le monde. Certes, une telle distribution ne viole pas le code de l'Association française des entreprises privées-Mouvement des entreprises de France (AFEP-MEDEF), puisque le mandataire social de cette société, à lui seul, n'a pas bénéficié de plus de 10 % des actions attribuées. Mais il est évident qu'une telle distribution crée des inégalités injustifiables. Par ailleurs, elle ne s'avère en rien adaptée à la mobilisation des équipes vers des objectifs plus qualitatifs que l'apparence de la « génération de valeur », à (très) court terme, pour l'actionnaire.

Comment passer d'une telle logique de captation des bénéfices au service de quelques-uns à une nécessaire prise en compte par les entreprises des intérêts à long terme des parties prenantes (les salariés, les fournisseurs et sous-traitants, les groupes affectés par l'activité économique considérée) ? Comment faire en sorte que cela ne relève pas seulement d'une ascèse personnelle ? De plus en plus d'acteurs, y compris « proches des entreprises » – les ONG dénonçant le phénomène depuis longtemps –, commencent à prendre conscience du caractère véritablement problématique de l'explosion des inégalités dans et hors

23. Mais, à la différence d'Héraclès, certains régulateurs ne disposaient d'aucun fleuve à détourner pour achever le travail en un jour, la *doxa* de l'autorégulation des marchés ayant conduit certains ensembles économiques – comme l'Union européenne – à baisser la garde en matière de contrôle des acteurs intervenant sur les marchés financiers.

de l'entreprise : depuis le Fonds monétaire international (FMI) qui alerte officiellement et régulièrement sur le sujet depuis début 2014, en passant par Philippe Desfossés, président de l'Établissement de retraite additionnelle de la Fonction publique (ERAFP), seul fonds de pension français – celui des fonctionnaires –, qui « rêve de limiter les rémunérations des patrons du CAC 40 à 100 smics[24] ». C'est la somme qu'il juge être le « maximum socialement tolérable » car il estime « qu'aucune théorie économique ne justifie les rémunérations que l'on voit aujourd'hui ». Le gouvernement français annonçait en juin 2012 la limitation des écarts de revenus fixes et variables en imposant aux mandataires sociaux des entreprises détenues par l'État et à leurs filiales les plus importantes de ne pas avoir une rémunération supérieure à 450 000 euros par an, ce qui correspond à un écart de 1 à 20 par rapport aux salaires les plus bas. Le gouvernement annonçait également sa volonté de légiférer pour les entreprises privées avant de se prononcer pour une « autorégulation exigeante », après l'engagement du MEDEF, alors dirigé par Laurence Parisot, d'avancer sur ce sujet. D'autres, tel Thomas Piketty, prônent plutôt d'utiliser la fiscalité. Bref, le sujet est sur la table.

Nous pourrions aussi imaginer, pour avancer, que les entreprises publient la répartition des salaires par tranches[25] ou un indice de Gini (indicateur du niveau d'inégalités, utilisé en particulier pour mesurer le taux d'inégalités dans chaque pays).

L'AFEP et le MEDEF ont révisé en 2013 leur code pour les entreprises cotées en bourse, en particulier pour que les actionnaires aient à se prononcer en assemblée générale sur la rémunération individuelle des dirigeants mandataires sociaux (système intitulé « *Say on Pay* »), l'encadrement renforcé des éléments de la rémunération et un meilleur contrôle de son application. Il s'agit de toute évidence d'un pas dans la bonne direction. Néanmoins, rien n'est dit sur les montants et les écarts de rémunération acceptables au sein de l'entreprise, pas plus que sur les critères des éléments variables des rémunérations. Il y a donc encore des avancées importantes à réaliser. Les enjeux d'une transition juste et nécessaire n'exigent-ils pas aussi des actionnaires – en tant que citoyens – qu'ils s'approprient de façon systématique le questionnement

24. Sophie Faix, « Son ennemi, les mégasalaires. Car "100 smics, c'est déjà beaucoup" », tempsreel.nouvelobs.com, 25 mai 2015. L'article souligne que seuls trois dirigeants du CAC 40 restent dans cette limite.

25. Une courbe de Lorenz qui permet de représenter graphiquement quelle est la part des détenteurs pour chaque tranche de salaire.

des politiques de rémunération de l'entreprise collective dont ils sont partie prenante, pour en éliminer toute pratique nuisible pour l'environnement et pour le lien social ? Et si les actionnaires s'avéraient défaillants en la matière et que la pression de l'opinion publique et de la société civile n'arrivait pas à faire bouger les lignes, les enjeux de bien commun que représente le devenir de notre planète ne devraient-ils pas finir par conduire le législateur à se saisir du sujet ?

Vers de nouveaux espaces normatifs

Les limites qui viennent d'être décrites à propos de la mise en place de projets de développement favorables à la transition écologique et énergétique montrent en creux l'importance de débats collectifs sur le niveau des standards à favoriser afin d'harmoniser les règles du jeu tout en accordant la priorité à l'amélioration de la situation des plus défavorisés. Il faut sans doute distinguer l'harmonisation nécessaire, vers le haut, en matière de standards sociaux et environnementaux et la différenciation en matière d'outils de financement. En d'autres termes, comment faire supporter par ceux qui le peuvent (des pays du Nord et du Sud) le juste prix, sans imposer des contraintes financières insoutenables aux plus pauvres ?

Harmoniser les standards par le haut

La montée des standards est fondamentale pour aider les entreprises les plus vertueuses à poursuivre leur développement. Sans standards ou réglementation, bien des produits favorables à l'environnement et bien des modes de production respectueux de l'homme seraient balayés par les avantages compétitifs portés par des entreprises moins regardantes.

L'un des exemples marquants est celui du coût de la tonne carbone. La chute du prix de la tonne carbone en Europe et le manque de crédibilité du mécanisme à terme ont ralenti beaucoup d'efforts dans ce domaine. C'est le cas, par exemple, du développement et de l'installation de prototypes pour la capture du carbone émis par les industries les plus polluantes, comme les centrales thermiques à charbon[26], pour ne citer qu'un cas particulièrement significatif.

26. Les dispositifs de capture de carbone sont onéreux et ne deviennent économiquement viables que si le CO_2 rejeté dans l'atmosphère a un coût significatif, valorisé entre 40 dollars et 90 dollars la tonne. Le système de valorisation du CO_2 actuellement en vigueur en Europe valorise la tonne émise à 4 euros. Aucun système d'évitement des émissions de CO_2 ne peut être financé sur cette base. Du coup, même les dépenses de R&D des entreprises sur ce sujet ont été arrêtées.

D'ailleurs, ce que nous appelons ici « contrainte » est en fait tout simplement la nécessité de la prise en compte par l'entreprise de ses externalités négatives. Si rien n'est fait pour que l'entreprise les assume, celle qui le fera subira un désavantage compétitif par rapport à celles qui s'en abstiendront et pourrait évidemment à terme voir sa pérennité menacée.

Dans cette perspective, la question qui se pose est celle du périmètre géographique d'application de la contrainte. Si ce dernier est insuffisant, il ne fera que déplacer le phénomène ailleurs, tout en tuant les entreprises locales. Ce point doit être considéré afin d'éviter les effets pervers de la décision au lieu de chercher à freiner toute tentative de régulation, comme c'est aujourd'hui le cas. De ce point de vue, il faut souligner l'importance d'organismes comme le Bureau international du travail (BIT), qui édicte des normes en vue d'une élévation des standards sociaux à travers la planète, ce qui est le meilleur moyen de lutter contre les délocalisations tout en améliorant les conditions de travail des salariés des pays du Sud.

L'instabilité des signaux de la puissance publique, l'absence de visibilité sur le moyen terme ou encore le manque de persévérance et de cohérence sont dramatiques puisqu'ils rendent inefficace tout l'argent dépensé par la puissance publique et par les entreprises et annulent tous les effets positifs possibles des politiques publiques engagées.

De l'incitation à la contrainte

La reconnaissance des responsabilités des entreprises vis-à-vis des enjeux collectifs implique aussi de réfléchir à la nécessaire mutation de la relation entre ces dernières et le pouvoir politique afin que le pouvoir de régulation, et si nécessaire de contrôle, se fasse à un niveau pertinent. Le déséquilibre entre le poids des multinationales et la faiblesse des États-nations oblige à déléguer à des outils de coopération internationaux de nouvelles missions, au risque de favoriser de nouvelles crispations et le retour à des politiques nationales inopérantes sur des espaces juridiques et économiques inadaptés.

Deux directions principales sont possibles quant aux processus juridiques et politiques à favoriser en la matière : d'un côté, la revitalisation voire la création d'institutions politiques et judiciaires favorisant l'imputation des fautes, les recours juridiques pour les populations affectées, etc. ; de l'autre, la délibération en quête de consensus mettant en avant la nécessité de la transparence, du suivi et du *reporting*, en vue de prendre en charge, dans une coopération avec d'autres, des enjeux collectifs.

Aux limites du processus délibératif dans un cadre territorial donné s'ajoutent les problèmes posés par la mise en concurrence des États par les entreprises et leur capacité à échapper aux lois nationales. Il importe dès lors d'analyser le processus de mondialisation du droit qui fait apparaître de nouveaux espaces normatifs. Pouvons-nous déceler dans ces processus à l'œuvre des chemins favorisant une prise en compte des responsabilités des entreprises vis-à-vis des enjeux du développement durable, de la transition énergétique, de la juste rémunération du travail et des conditions dignes de sa réalisation ? Il s'agit bien de partir de l'analyse des dysfonctionnements de la production de biens, de reconnaître la capacité d'acteurs à s'organiser pour assurer une traçabilité des produits et des conditions de création et de partage durables des richesses. C'est ce qui est recherché pour différents secteurs dans lesquels les impasses des modèles actuels sont apparues avec force ces dernières années – des diamants et minerais de sang en Sierra Leone et en République démocratique du Congo (RDC) au drame des ateliers textiles du Rana Plaza au Bangladesh, déjà évoqué au chapitre 2[27].

Par exemple, l'initiative de l'ITRI (International Tin Research Institute) relative à la chaîne d'approvisionnement de l'étain (iTSCi, ITRI Tin Supply Chain Initiative) publiée en 2009 constitue aujourd'hui un système de certification avancé, dans la ligne des directives de l'OCDE de 2012 concernant le devoir de diligence raisonnable pour une chaîne d'approvisionnement responsable des minerais. Cette initiative émane ou a reçu le soutien à la fois des producteurs d'étain, des entreprises spécialisées dans son négoce et d'entreprises utilisatrices. L'iTSCi est financée grâce à une taxe mise en place par les entreprises à l'origine de l'initiative et permettant l'organisation des procédures d'audit. Ces dernières se heurtent toutefois à la critique selon laquelle elles sont facultatives et ne permettent pas d'assurer une traçabilité de tous les minerais, notamment dans un pays comme la République démocratique

27. Le conflit en Sierra Leone entre le gouvernement et les rebelles du Front révolutionnaire uni a fait plus de 200 000 morts entre 1991 et 2002. Le commerce des diamants en était l'un des enjeux, profitant aussi bien à ceux qui exploitent les mines en utilisant des travailleurs forcés qu'à toute la filière diamantaire, des puissantes multinationales comme De Beers (Afrique du Sud) aux riches acheteurs de bijoux de luxe des pays du Nord. Le conflit en RDC est largement lié à la mainmise sur les ressources minières.

du Congo, marquée également par un haut niveau de corruption. De ce point de vue, ce type de certification est complété par des dispositifs réglementaires comme la loi américaine Dodd-Frank de 2010 qui oblige les entreprises extractives cotées à la bourse de New York de déclarer leurs versements aux pays dans lesquels elles ont des activités et de faire certifier l'origine des minerais qu'elles utilisent (le texte d'application de la loi a été publié le 22 août 2012).

À partir d'une pratique complexe, on assiste à un renouvellement de la manière de théoriser le droit, laquelle nécessite un travail pluridisciplinaire ainsi qu'un regard sur les réalités transnationales. Ce dernier s'avère plus approprié qu'une simple adaptation de théories héritées du passé qui ne correspondent pas aux phénomènes émergents dans la mondialisation. La notion d'« espace normatif », promue par un certain nombre de juristes et chercheurs en sciences sociales et formalisée par Gilles Lhuilier[28], permet de considérer les normes et croyances de diverses sociétés : de nouveaux modes d'élaboration des règles sont apparus par le biais de techniques et de processus juridiques choisis par les acteurs (comme les certifications), mobilisant des discours qui justifient et orientent les choix dans chaque espace. Par exemple, la chaîne du textile au Bangladesh et dans d'autres pays du Sud peut constituer un espace normatif de ce type : les techniques juridiques sont des moyens à disposition des acteurs pour mettre en œuvre des règles nouvellement édictées, tels les principes directeurs de l'OCDE à l'attention des multinationales, dans leur version de 2011, et le cadre de l'ONU sur les entreprises et les droits humains, autrement dénommé « principes Ruggie » (2011), ainsi que la nouvelle définition de la RSE par l'Union européenne. En France, dans ce domaine, les acteurs de la société civile ont joué un rôle important auprès des parlementaires comme auprès des consommateurs, appuyés par la ministre française du Commerce extérieur qui, suite au drame du Rana Plaza, a saisi en 2013 le Point de contact national de l'OCDE[29].

Ces évolutions ont pu s'amorcer à partir du moment où l'on a reconnu l'imbrication des responsabilités des États et des entreprises dans des situations de violation des droits humains. La prise en

28. Gilles Lhuilier, « Minerais de guerre. Une nouvelle théorie de la mondialisation du droit », FMSH-WP-2013-36, juillet 2013, https://halshs.archives-ouvertes.fr/halshs-00842277/document.

29. Le PCN de l'OCDE est une structure tripartite qui rassemble syndicats, entreprises et administration.

compte des générations futures invite à élargir ces dispositifs aux enjeux environnementaux.

Reconnaissons que le chemin est semé d'embûches. L'expérience de la plateforme RSE créée par le gouvernement français en 2013 pour favoriser une réflexion et un dialogue entre représentants du monde économique (patronat, syndicats), du politique (parlementaires, ministères) et de la société civile (ONG, chercheurs) est un bon exemple des avancées timides en vue non seulement d'une transformation de la *soft law* mais aussi d'une harmonisation des règles du jeu. Dans le cadre d'un groupe de travail institué par cette plateforme sur la responsabilité des entreprises à l'international, la proposition de loi déposée par plusieurs députés et sénateurs à l'automne 2013 a fait l'objet de multiples auditions de juristes permettant d'aboutir à un large consensus autour du bien-fondé de la mise en place d'une obligation de vigilance des maisons mères vis-à-vis de leur chaîne de valeur, et d'une reconnaissance du lien entre les entités concernées par une même activité économique. La proposition de loi a donné lieu à une première discussion en janvier-février 2015 au Parlement et au renvoi du texte pour réécriture et discussion fin mars. Le bilan est contrasté. Le patronat s'est fortement opposé à une réglementation contraignante et à l'inversion de la charge de la preuve dont le texte était porteur, cette dernière passant du plaignant à la maison mère[30]. Mais le bilan montre aussi le rôle essentiel d'aiguillon que joue la société civile ainsi que la nécessité de renforcer les espaces de réflexion chez les décideurs. Nous sommes frappés, en tant que cadres dirigeants de grands groupes, par la difficulté des dirigeants et organisations patronales à intégrer la nouvelle donne liée au diagnostic dont les premiers chapitres de notre ouvrage se font l'écho. Cette prise de conscience renforce l'appel à concevoir l'entreprise comme une institution politique, jouant son rôle propre au service des projets de société définis collectivement. Il nous revient de l'analyser.

30. Ce n'est plus seulement aux plaignants de montrer qu'ils sont bien victimes de violations de leurs droits par la faute d'une entreprise mais aux entreprises d'apporter la preuve qu'elles ont mis en œuvre tous les moyens techniques et proportionnels à l'obligation de prévenir les risques, y compris sur leur sphère d'influence directe (filiales, sous-filiales, fournisseurs).

Chapitre 7. L'entreprise, acteur politique

Quand une entreprise est suffisamment importante pour influer sur la vie et les institutions des pays dans lesquels elle est implantée, on peut dire qu'elle possède de fait un pouvoir politique. En 2009, deux compagnies pétrolières – Royal Dutch Shell et ExxonMobil – étaient ainsi classées respectivement vingt et unième et vingt-deuxième plus importantes économies mondiales, juste après la Belgique et avant la Pologne [1]. Des secteurs comme l'industrie pétrolière et gazière fournissent en outre la majorité des revenus de certains États.

Comme le souligne la politologue Susan Strange dans son ouvrage *The Retrait of the State*, « le passage des États aux marchés a fait des entreprises multinationales des acteurs politiques [...] ayant des liens politiques avec la société civile [2] ». L'auteure décrit cette influence plurielle sous l'angle de la gestion des ressources humaines (les entreprises ont un impact sur le mode de vie des personnes qu'elles salarient), de la redistribution des richesses (qui crée des disparités fortes entre les personnes et a tendance à accroître le pouvoir de la minorité bénéficiaire des plus hauts revenus) et de la fiscalité (les entreprises ont contribué à faire pression sur les États pour obtenir une fiscalité avantageuse). On peut ajouter l'influence des entreprises dans la création de biens et

1. « The World's View of Multinationals », www.economist.com, 27 janvier 2000.

2. Susan Strange, *The Retreat of the State: The Diffusion of Power in the World Economy*, Cambridge, Cambridge University Press, 1996. Traduction française : *Le Retrait de l'État. La dispersion du pouvoir dans l'économie mondiale*, Paris, Temps présent, 2011.

services dont l'utilité sociale doit être vérifiée, et leur influence durable sur le milieu de vie des populations.

Exemple paradigmatique des injustices sociales et écologiques qui peuvent résulter de ce pouvoir quand il n'est pas ou mal encadré, le groupe Monsanto détient la majeure partie des brevets sur le vivant (plantes, semences, etc.) et rend dépendants des paysans pauvres en leur imposant l'achat annuel de semences, tout en contribuant à la dégradation des sols et en bloquant la recherche sur la dangerosité des OGM. Signe des rapports de force qui prévalent, certaines régulations voient le jour pour sanctionner ce qui empêche le bon fonctionnement des marchés plutôt que pour punir les violations sociales et environnementales – ce fut typiquement le cas pour Enron[3]. On peut par ailleurs craindre que le traité de libre-échange actuellement négocié entre les États-Unis et l'Europe (Tafta) – sans aucun consentement citoyen préalable – ne conduise à un renforcement du pouvoir des entreprises sur les États, dans le prolongement d'autres accords comme l'Aléna (Accord de libre-échange nord-américain) entre les États-Unis, le Mexique et le Canada, qui a permis par exemple à l'entreprise américaine UPS de porter plainte en 2000 contre la société canadienne des postes pour atteinte au principe de concurrence, le service postal public pénalisant les intérêts privés...

Le projet de Tafta menace donc à la fois le pouvoir des citoyens et la promotion de normes sociales et environnementales élevées pour les produits et services commercialisés. On en arrive ainsi à une légitimation inversée qui produit des normes défavorables aux États et favorables aux entreprises. Certaines industries, comme l'industrie pétrolière, ont échappé plus facilement que d'autres à tout contrôle démocratique par le développement d'une production peu intensive en travail, avec des métiers variés et des effectifs en nombre irrégulier, et éloignée des zones de consommation (la consommation de produits pétroliers se faisant dans les pays développés alors que l'extraction a lieu la plupart du temps dans des zones très faiblement industrialisées[4]). La question, dès lors, est de savoir comment la puissance politique des entreprises peut être orientée dans le souci de la raison d'être du politique : le bien commun.

3. Voir Steve Tombs et Dave Whyte, « Introduction: Corporations Beyond the Law? Regulation, Risk and Corporate Crime in a Globalized Era », *Risk Management*, vol. 5, nº 2, 2003, p. 9-16.

4. Voir Timothy Mitchell, *Petrocratia. La démocratie à l'âge du carbone*, Alfortville, Ère, 2011.

La nationalité des firmes

Les rapports entre les dimensions politique et économique sont particulièrement visibles dans le cas des entreprises d'État. Mais il convient de s'interroger aussi sur l'influence que la nationalité des firmes multinationales peut avoir sur les choix stratégiques effectués et sur le rôle joué par ces entreprises dans les territoires où elles opèrent. Étudier ce point rarement débattu est important si l'on veut réfléchir aux responsabilités des entreprises au niveau national aussi bien qu'au niveau international. Pour illustrer cette question, l'expérience de l'un des membres de l'EBN est utile.

Dans ses fonctions précédentes au sein d'une multinationale considérée comme « française », il dirigeait un business qui comprenait neuf usines : trois en Europe (Finlande, Italie, Allemagne, c'est-à-dire aucune en France), deux aux États-Unis, une au Mexique, une au Brésil, une en Inde et une en Chine. À l'occasion d'une discussion avec son directeur d'usine chinois, ce dernier l'interrogea sur les enjeux relatifs à la volonté de la maison mère de favoriser le travail en France, pays où était installé le siège social : « Mais pourquoi voulez-vous privilégier l'emploi en Europe ? Moi aussi j'ai des salariés qui ont des familles. Et ces salariés n'appartiennent pas moins à l'entreprise et ne sont pas moins engagés que les salariés européens. Alors pourquoi voudriez-vous en faire des sous-salariés, ou ne leur donner à faire que vraiment ce qu'il est devenu impossible de faire en Europe, sans regarder une démarche plus équilibrée de développement ? » Et son point de vue était évidemment légitime.

Pour prendre un exemple plus médiatique, lors de la vente des divisions Énergie (production d'électricité) et Grid (transmission d'électricité) d'Alstom à General Electric en 2014, 85 % des effectifs de l'activité vendue n'étaient pas français et 95 % du chiffre d'affaires était réalisé ailleurs qu'en France. Aujourd'hui le siège de la division Énergie, qui représente 10 milliards d'euros sur les 14 milliards de chiffre d'affaires des entités vendues, est situé en Suisse à Baden, dans la banlieue de Zürich. Et les perspectives de croissance du groupe se trouvent toujours dans les pays émergents[5]. Alors, Alstom est-elle une société française ?

On répondra probablement oui en voyant que le top management est essentiellement français, que le siège de la holding se situe à Levallois et

5. Source : Alstom, « Alstom dans la compétition internationale », 27 août 2013.

que le PDG, Patrick Kron, profite des voyages de François Hollande pour tenter de vendre quelques centrales ; probablement encore oui en considérant les capitaux, dont 30 % sont détenus par Bouygues. Mais est-ce suffisant pour caractériser l'entreprise ? Et, surtout, est-ce que cela entraîne une obligation morale ou une responsabilité particulière par rapport à la France ?

Cette question soulève à l'évidence celle de l'articulation entre les intérêts économiques et les intérêts politiques des États, de même que celle du rôle des entreprises, notamment multinationales, vis-à-vis des zones où elles déploient leurs activités.

L'entreprise, une institution politique

La dichotomie entre politique et économie est récente. Jusqu'au XIXe siècle, la discipline s'intéressant à la production, à la consommation et aux échanges de biens était dénommée « économie politique ». Il est intéressant de noter la façon dont John Stuart Mill, dans ses *Principes d'économie politique*, définissait cette dernière comme une branche de la philosophie sociale : il s'agissait bien, pour l'économiste et philosophe, de réfléchir aux sujets concernant nos systèmes productifs en gardant présente à l'esprit la relation entre ces questions et des enjeux de justice relatifs à la qualité du lien social.

Pourtant, la pensée libérale a tendu à accentuer la distinction entre les domaines, notamment au nom de la lutte contre un pouvoir politique trop prégnant et au nom de la valorisation de la sphère privée, qui comprend aussi bien l'entreprise que la société civile. Hannah Arendt a elle aussi contribué à entériner cette séparation en rendant l'État responsable du souci du monde commun au sein de la société, les entreprises étant seulement destinées à assouvir des besoins élémentaires[6]. Or cette perspective est problématique car elle ne rend pas bien compte de la façon dont les acteurs économiques influent sur la vie des personnes qui travaillent en leur sein et sur les autres parties prenantes affectées par l'activité. Parties prenantes qui sont à la fois les apporteurs de capitaux, les actionnaires ; les apporteurs de leurs savoirs et savoir-faire, les salariés ; les sous-traitants et les fournisseurs ; les clients ; les collectivités territoriales.

La perspective consistant à séparer les sphères économique et politique crée aussi une distance entre le vivre-ensemble, qui relèverait

6. Voir Hannah Arendt, *Condition de l'homme moderne* (1958), Paris, Pocket, 2002.

surtout des valeurs partagées, et l'économique, qui concernerait la vie élémentaire, sans mettre en évidence un premier niveau du bien commun qui est celui du maintien de l'existence et de la sécurité des personnes grâce aux modèles économiques. Enfin, elle peut également conduire à minimiser ou à occulter l'influence qu'exercent les acteurs économiques sur les représentations partagées dans la société.

À cet égard, il est important de souligner le rôle des entreprises occidentales dans la mise en œuvre des modes de vie consuméristes et polluants de nos sociétés depuis deux siècles. Christophe Bonneuil et Jean-Baptiste Fressoz[7], historiens, ont analysé de façon critique le caractère prétendument apolitique du grand récit du développement durable qui nous est raconté depuis quelques décennies et qui donne à penser que nous n'aurions pris conscience que récemment, depuis le rapport Meadows de 1972 remis au Club de Rome[8], de la gravité des enjeux écologiques ; et que nous serions essentiellement appelés à trouver des réponses techniques à ces enjeux, grâce aux technosciences innovantes, à la géo-ingénierie, etc. Un discours sur le développement durable qui a tendance à présenter les trois pôles économique, social et écologique de manière très consensuelle et apolitique.

Pourtant ce sont des décisions politiques qui ont conduit à laisser de côté les critiques et propositions alternatives formulées depuis le XVIIIe siècle par des scientifiques et des citoyens engagés et soucieux de ces questions (concernant la déforestation, la pollution industrielle, le recyclage, le traitement des déchets, etc.). Par exemple, des toilettes sèches produites industriellement et commercialisées à la fin du XIXe siècle dans une partie des États-Unis ont été abandonnées sous la pression d'autres intérêts commerciaux.

L'existence d'alternatives conduit à promouvoir l'intégration de ces sujets de justice écologique dans la réflexion citoyenne, politique, autour des projets de société que nous voulons dessiner ensemble.

L'économie au service des biens communs

Une piste consiste, précisément, à réfléchir en termes plus collectifs et systémiques. Ce à quoi conduisent par exemple les initiatives mention-

7. Christophe Bonneuil et Jean-Baptiste Fressoz, *L'Événement anthropocène : La Terre, l'histoire et nous*, Paris, le Seuil, 2013.

8. Organisme international créé en 1968 et réunissant des personnalités internationales des domaines scientifique, économique, politique et industriel pour réfléchir aux évolutions des sociétés contemporaines.

nées au chapitre 3[9] dans le domaine de l'économie circulaire. Ou encore celles concernant l'usage partagé de biens de consommation à long terme (*slow moving consumer goods*) liés aux infrastructures, à la mobilité, aux machines (à laver, sécher, etc.), dans le cadre de l'économie dite « de fonctionnalité ». En ce sens, assumer une réflexion au sein de chaque secteur industriel est nécessaire, et c'est une tâche politique, puisqu'elle implique de modifier les comportements des consommateurs et citoyens.

Toutefois, derrière des changements plus ou moins anodins ou indolores, se pose une question bien plus radicale : comment trouver rapidement des modes de vie et de développement beaucoup moins consommateurs de ressources, en raison de la pénurie de minerais et du caractère insoutenable pour le climat de l'exploitation de toutes les énergies fossiles disponibles ? Comment faire valoir une réflexion coordonnée de la part des acteurs directement impliqués sur ces sujets, c'est-à-dire les États producteurs et consommateurs, les entreprises extractives, les investisseurs et les consommateurs ?

Des tentatives voient le jour pour penser des modèles qui ne soient plus fondés sur la rareté des ressources et la propriété privée, comme dans le capitalisme historique, mais sur l'abondance des ressources (notamment l'information *via* Internet) et le partage. C'est une telle approche qui est préconisée par Jeremy Rifkin autour du développement de « *collaborative commons*[10] », de communs qui prennent en compte la capacité des personnes à devenir à l'échelle locale des producteurs et des consommateurs grâce à des circuits reposant sur le partage de l'énergie et d'un grand nombre de biens et services : on assiste déjà à l'émergence de « prosommateurs » (traduction de l'anglais *prosumers*, mixte de « producteurs » et « consommateurs ») qui fabriquent, grâce à des imprimantes 3D, certains objets de consommation ; qui partagent des voitures, des vêtements et autres objets grâce à Internet ; ou encore leur énergie verte grâce à des réseaux intelligents, etc.

Cette compréhension du rôle politique de l'économie conduit inévitablement à remettre en cause l'idée que l'entreprise ne puisse être définie

9. Voir p. 74.

10. Jeremy Rifkin, *The Zero Marginal Cost Society: The Internet of Things, the Collaborative Commons, and the Eclipse of Capitalism*, New York, Palgrave Macmillan, 2014. Traduction française : *La Nouvelle société marginale du coût zéro. L'Internet des objets, l'émergence des communaux collaboratifs et l'éclipse du capitalisme*, Paris, Les Liens qui libèrent, 2014.

que par sa capacité à faire du profit. Elle suppose d'encadrer l'activité économique de façon à vérifier les conditions de sa contribution au projet de société dans lequel elle s'inscrit. Et il s'agit là *a minima* d'éviter la génération de dommages qui rendent l'empreinte globale de l'activité économique contradictoire avec l'intérêt général.

L'entreprise, sujet de droit au service de l'intérêt général

La *doxa* libérale voit l'entreprise qui poursuit un intérêt commercial privé comme contribuant de manière automatique à l'intérêt général. De fait nous avons vu qu'il existe une ambivalence entre les deux. Cette ambivalence se traduit dans l'absence de définition juridique de l'entreprise et par le vide juridique concernant la propriété de l'entreprise.

Car, en droit américain comme en droit français, la loi ne définit pas en réalité l'entreprise mais la société commerciale : « La société est instituée par deux ou plusieurs personnes qui conviennent par un contrat d'affecter à une entreprise commune des biens ou leur industrie en vue de partager le bénéfice ou de profiter de l'économie qui pourra en résulter [11]. » Les actionnaires ne sont donc pas propriétaires de l'entreprise ; ils ne sont que détenteurs de parts de la société. En soi, comme l'ont bien montré différents travaux récents, comme ceux du juriste Jean-Philippe Robé [12], l'entreprise n'appartient à personne. Elle est le lieu d'un projet collectif impliquant différentes parties prenantes. Cette idée progresse dans les esprits mais se heurte à la conception fiduciaire de l'entreprise qui consiste à défendre avant tout les droits des actionnaires.

Différentes propositions de modifications du droit des sociétés nous semblent prometteuses en vue d'une reconnaissance de la finalité sociale de l'entreprise. Il en est ainsi de la reformulation de l'article 1832 du Code civil proposée par Daniel Hurstel afin de définir autrement la société commerciale, et d'élaborer un statut de l'entreprise au service d'un projet à tout le moins compatible avec l'intérêt général. Ce juriste invite à :

> « [...] redonner la primauté à l'entreprise sur la société :
> – en modifiant l'article 1832 du Code civil ainsi : "La société est constituée par deux ou plusieurs personnes qui conviennent par un contrat d'affecter à une entreprise commune des biens ou leur industrie en vue

11. Article 1832 de la loi n° 85-697 du 11 juillet 1985.

12. Jean-Philippe Robé, « L'entreprise et la constitutionnalisation du système-monde de pouvoir », travaux du collège des Bernardins, avril 2011.

de poursuivre un projet d'entreprise qui respecte l'intérêt général, financé au moyen du profit",

– et de manière plus catégorielle, en donnant un statut spécifique au *social business* fondé sur l'affectation des actifs à la résolution d'un besoin social[13]. »

Le grand intérêt de cette proposition consiste à faire apparaître que le secteur de l'économie sociale ne saurait être seul en charge de l'intérêt général. C'est toute l'économie qui doit assumer ce rôle par l'application du droit. Il s'agit aussi par là d'assurer la reconnaissance de la validité des intérêts des diverses parties prenantes, et d'empêcher que des actionnaires poursuivent les dirigeants pour avoir distribué une partie des profits à d'autres parties prenantes comme les collectivités locales, comme cela a été le cas aux États-Unis. L'enjeu est bien la codéfinition, la coconstruction et la cocontribution de ces parties prenantes à des biens communs participant à l'intérêt général.

L'entreprise et les communs

Pour réfléchir aux déclinaisons concrètes de projets économiques au service de l'intérêt général, il est nécessaire de creuser les critères de ce qui relève d'un tel intérêt général et de sa mise en œuvre. La prise en compte des enjeux environnementaux invite à développer une vision intégrative des relations entre êtres vivants, nourrie par une perspective pluridisciplinaire (qui demande à faire aussi bien appel aux sciences de la nature, de l'ingénieur, qu'aux sciences sociales) et globale du développement : cette vision est politique, concernant le bien commun à promouvoir pour vivre ensemble dans notre demeure commune qu'est la planète Terre. L'objectif politique prioritaire consiste ainsi à préserver et à renforcer le lien social et écologique : le respect de la dignité de la personne passe par la qualité des relations entre les hommes et avec la planète, ce qui implique de définir et de relier la justice sociale (respect de la dignité de chaque personne humaine) et la justice écologique (respect de l'altérité des êtres et des choses, de la vie). Nous laissons ici de côté les débats autour de la valeur intrinsèque de tous les êtres vivants, qui mériterait un approfondissement propre.

En adoptant une conception humaniste (un anthropocentrisme faible) qui reconnaît une valeur à chaque être vivant, il n'est pas possible

13. Daniel Hurstel, « Proposition 2 », *in* Gaël Giraud et Cécile Renouard (dir.), *Vingt propositions pour réformer le capitalisme*, *op. cit*, p. 49-50.

de chercher à respecter la personne humaine sans lutter contre différentes formes d'exploitation de la nature et des animaux qui ont pour conséquence la détérioration du lien social et écologique.

Premièrement, les dégradations de la planète menacent la vie humaine sur terre pour les générations futures.

Deuxièmement, ces dégradations sont déjà cause de dommages sociaux qui atteignent les régions et les populations pauvres, davantage affectées parce qu'elles ont moins de moyens pour se protéger et résister aux catastrophes naturelles, et parce qu'elles sont victimes de comportements prédateurs et de nuisances venant des riches (déchets ou pollution par exemple, entraînant des risques sanitaires).

Troisièmement, ces dégradations sont aussi source de violence et de guerres : déplacements de populations, conflits pour l'accès aux ressources comme l'eau, les minéraux et les énergies fossiles.

Quatrièmement, les inégalités excessives de revenus et de qualité de vie, à l'intérieur des pays et entre pays, détériorent le lien social, renforcent les égoïsmes, les processus de cloisonnement et de fracture, et empêchent une prise en compte des enjeux collectifs à court et à long termes. Un contexte d'exploitation des plus nombreux par une petite élite restreinte détentrice du pouvoir ne permet pas aux populations d'avoir les moyens effectifs d'entrer en transition, transition qui devient un luxe dès lors que l'on fonctionne en « mode survie », comme le montrent certains travaux : les pays dans lesquels les inégalités économiques (de revenus) sont les plus fortes sont aussi ceux dans lesquels la protection de l'environnement est la moins assurée.

Si l'on s'accorde à définir la justice selon deux critères – le respect de la personne humaine et de l'altérité, et le souci de la qualité du lien social et écologique considéré comme le bien commun –, il reste cependant à préciser les critères opérationnels qui permettent la mise en œuvre de cette recherche. À cette fin, la distinction entre dimensions économique, socioculturelle et politique de cette éco-justice est utile [14] : elle permet de faire droit à la fois aux questions de répartition des biens et des ressources, de reconnaissance (socioculturelle) des personnes et des groupes, et de représentation des citoyens dans les processus de décision qui les concernent et qui concernent l'avenir de la planète.

14. Cécile Renouard, « Justice écologique et responsabilité politique de l'entreprise », *Études*, mai 2014. Voir *infra* p. 157.

Ne pas nuire

Un premier principe général est le critère négatif « ne pas nuire ». Il est facile de comprendre comment l'activité économique peut engendrer des effets nuisibles sur les populations, notamment autour des sites de production. Nous avons désormais un recul suffisant sur les catastrophes de l'ère industrielle pour déterminer les externalités négatives qui ne respectent pas la personne humaine et entraînent une dégradation irréversible des écosystèmes.

Ne pas nuire suppose une attention aux plus pauvres. Car dans l'ensemble, ce sont les populations pauvres qui sont davantage touchées que les riches. Cela est vrai en termes d'exposition aux risques environnementaux et sanitaires aussi bien qu'en termes d'impacts d'activités dangereuses : les minorités visibles et les plus pauvres ont une probabilité beaucoup plus forte que les riches d'être victimes de maladies liées à l'absorption de substances toxiques. Ainsi, « un des meilleurs prédicteurs de la localisation des déchets toxiques aux États-Unis est la concentration géographique de gens de bas revenu et de couleur [15] ».

La mise en œuvre du principe « ne pas nuire » suppose aussi un accord sur le poids accordé aux générations futures dans nos choix actuels. À cet égard, les taux d'actualisation utilisés par les économistes et gestionnaires font preuve d'une préférence accordée aux générations présentes qui est problématique : pour pouvoir internaliser les externalités négatives, il faut donner une importance aussi grande aux générations futures, qui sont déjà pénalisées par les effets négatifs engendrés par notre activité passée et présente [16].

Toute la question est donc de savoir comment définir la nature ou le seuil de nuisance inacceptable alors que tout processus de production implique une transformation.

Une façon de préciser le caractère inacceptable des impacts est le recours au principe du « double effet » qui consiste, à partir d'une cartographie des risques et externalités négatives liés à une activité, à estimer le caractère disproportionné des dommages vis-à-vis des bénéfices liés à l'activité, puis de prendre la décision de renoncer à l'activité ou de mettre en œuvre une action réparatrice/restauratrice [17]. Ce principe a le grand

15. Ray Hudson, « The Costs of Globalization: Producing New Forms of Risk to Health and Well-Being », *Risk Management*, vol. 11, nº 1, 2009, p. 13-29.

16. Voir Éloi Laurent, *Social-Écologie*, Paris, Flammarion, 2011.

17. Voir Cécile Renouard, *La Responsabilité éthique des multinationales*, *op. cit.*

mérite de recentrer l'évaluation de la responsabilité de l'entreprise sur son cœur de métier.

Principe du maximin *: l'attention préférentielle pour les pauvres*

Un enjeu fort, aujourd'hui, est de promouvoir une action concertée qui permette d'agir contre les « désavantages corrosifs[18] », ces effets négatifs qui s'enchaînent et concernent les mêmes groupes de personnes. Dès lors, la mobilisation d'un principe d'attention prioritaire à l'égard des plus mal lotis – le *maximin*[19] – semble essentielle.

Pour l'entreprise, ce principe a des applications multiples, autant pour identifier les effets différenciés de son activité (sur les sous-traitants, les clients pauvres, les communautés locales, les générations futures, etc.) que pour partager la valeur créée. Sa mise en œuvre passe en particulier par une responsabilité fiscale accrue, susceptible de dégager des ressources en vue, notamment, d'une compensation plus élevée par les États du coût de la transition pour les plus pauvres et d'une promotion des comportements collectifs plus verts. En ce sens, la reconnaissance des impasses dans lesquelles mènent des pratiques comme la manipulation des prix de transfert[20] par les entreprises conduit à défendre la mise en œuvre d'un impôt global sur les sociétés, dont l'assiette serait calculée en fonction du chiffre d'affaires, de la masse salariale et des investissements réalisés dans chaque pays. Cela pourrait d'ailleurs faire l'objet d'un accord conjoint entre l'Europe et les États-Unis dans le cadre de la négociation d'un traité commercial[21].

Il est donc significatif et prometteur que, depuis 2008, dans le cadre de la résolution de la crise financière, l'OCDE et le G20 s'efforcent de

---

18. Jonathan Wolff et Avner de-Shalit, *Disadvantage*, Oxford, Oxford University Press, 2007.

19. Le *maximin* est un principe de justice distributive proposé par le philosophe John Rawls *(Théorie de la justice, op. cit.)* qui consiste à maximiser la part minimale, autrement dit à choisir une distribution qui avantage les plus défavorisés.

20. Les prix de transfert sont les prix des biens et services échangés entre filiales ou entre filiales et maison mère d'un même groupe, qui échappent donc au marché et qui peuvent faire l'objet de mesures – le plus souvent légales – facilitant le transfert du profit vers des zones fiscalement avantageuses. Ainsi, grâce à ses filiales en Irlande, Apple n'a payé en 2014 que 1,9 % d'impôts sur ses revenus réalisés hors États-Unis. Voir Pierric Marissal, « Apple : la meilleure machine à évasion fiscale au monde », www.humanite.fr, 23 octobre 2014.

21. Voir Cécile Renouard, *Éthique et entreprise*, *op. cit.* ; Gabriel Zucman, *La Richesse cachée des nations. Enquête sur les paradis fiscaux*, Paris, Le Seuil, 2013.

trouver les moyens de lutter contre les pratiques d'optimisation fiscale agressive et d'évasion fiscale illégale afin de contribuer à renflouer les caisses des États et d'aider au développement des populations les plus pauvres. Ainsi, le G20 de juin 2012 a lancé le projet BEPS (*Base Erosion and Profit Shifting*) de l'OCDE pour lutter contre les pratiques fiscales qui entraînent un manque à gagner pour les États où les biens sont fabriqués et consommés. Et le G20 de novembre 2015 doit valider une quinzaine de mesures allant en ce sens, qui devront être appliquées par les entreprises vraisemblablement d'ici à 2020.

La première étape serait la publication pays par pays de la comptabilité analytique de leurs entreprises (notamment chiffre d'affaires, effectifs et masse salariale, immobilisations corporelles, impôts payés et bénéfices), ce qui pourrait permettre de détecter les pratiques abusives les plus importantes.

Principe de participation des populations concernées

La dimension politique de l'éco-justice s'exprime par la participation des citoyens et des parties prenantes à l'élaboration de solutions concertées face aux problèmes qui menacent le vivre-ensemble : là encore, il ne s'agit pas de considérer seulement les responsabilités individuelles, mais aussi nos interdépendances et nos responsabilités partagées. Dès lors la logique de coopération est appelée à remplacer la logique de compétition. Mais pour l'instant, le constat est le suivant :

> « Les firmes dans la diplomatie économique internationale sont des hiérarchies, pas des démocraties ; les responsabilités multiples à l'égard des actionnaires, banques, employés, fournisseurs et consommateurs signifient qu'elles peuvent diviser pour régner ; il n'y a pas une seule institution élue qui les tienne responsables [22]. »

A contrario les voies d'une gouvernance d'entreprise ouverte aux intérêts des parties prenantes et à la recherche du bien commun [23] peuvent prendre plusieurs directions : partage du pouvoir entre détenteurs du capital et salariés dans les conseils d'administration ; élaboration de chartes d'entreprise liées à la reformulation de l'article du Code civil [24] définissant la finalité de la société commerciale ; transformation de

22. Susan Strange, *op. cit.*, p. 197.

23. Voir par exemple Isabelle Ferreras, *Gouverner le capitalisme ?*, Paris, PUF, 2012 ; Daniel Hurstel, *Homme, entreprises, société. Restaurer la confiance*, Paris, Eyrolles, 2013.

24. Voir *supra* p. 165-166.

la comptabilité afin d'intégrer la performance sociale et environnementale, etc.

Enfin la dimension politique de l'éco-justice passe par l'implication des entreprises dans le développement territorial ou sectoriel. Ainsi en va-t-il par exemple en France des pôles territoriaux de coopération économique (PTCE)[25], dont l'objectif est de fédérer des entreprises classiques, des entreprises du secteur de l'économie sociale et solidaire (ESS), des associations et les pouvoirs publics. Car la réflexion d'industriels autour de la durabilité peut permettre d'éviter des pertes massives d'emplois, comme le montre la constitution de la filière équitable du thé sous l'impulsion de multinationales conscientes des drames sociaux liés à la possible mécanisation de la cueillette[26].

Derrière la question de la responsabilité politique de l'entreprise vis-à-vis du bien commun, c'est la question de notre motivation individuelle et collective pour la justice écologique qui est posée. Pouvons-nous y parvenir sans violence ? Bien des choix effectués depuis deux siècles l'ont été sous l'aiguillon d'intérêts militaires et commerciaux. Par exemple, les industries chimiques américaines ont tiré profit de l'utilisation de gaz pendant la Première Guerre mondiale et ont étendu l'usage de ces gaz à des applications agricoles civiles en faisant des pesticides. De même, de façon plus générale, c'est à la Seconde Guerre mondiale que l'on doit une accentuation de la mondialisation économique et un fort développement d'industries énergivores.

De telles évolutions ont eu lieu en dépit des interrogations inquiètes de veilleurs scientifiques et de citoyens, et dans la marginalisation d'innovations alternatives d'entrepreneurs et de membres de la société civile[27]. Déjà dans les années 1970, les sociétés s'interrogeaient à propos des dommages liés à la déforestation et à leurs effets sur le climat[28]. Saurons-nous rouvrir de véritables espaces publics démocratiques inspirateurs de modèles soutenables et équitables, et nous y engager ? Aucun de nous ne pourra dire qu'il ne savait pas...

---

25. Voir *supra* p. 71, 94.

26. Sur le cas des plantations de thé d'Unilever au Kenya, voir Cécile Renouard, *La Responsabilité éthique des multinationales*, *op. cit.*

27. Voir Christophe Bonneuil et Jean-Baptiste Fressoz, *op. cit.*

28. *Ibid.*, p. 205 *sqq.*

Responsabilités éthiques et politiques des entreprises au service des communs

La responsabilité politique de l'entreprise demande à être déclinée dans sa prise de parole, dans la vérification de la cohérence de sa stratégie avec les intérêts de ses parties prenantes les plus défavorisées, dans une gestion responsable des communs (matières premières, eau, communs de la connaissance comme Internet, etc.) et dans une gouvernance respectueuse des droits humains marquée par le refus de la corruption et le souci de la représentation des parties prenantes. Ce qui est loin d'une perspective qui se bornerait à concevoir le lien social en termes d'intérêts mutuellement préservés. L'horizon, en effet, est celui d'un décloisonnement des responsabilités par une reconnaissance de la nécessaire prise en charge, par tous les acteurs, des droits et de la dignité de ceux qui sont sans voix et ne participent pas de façon active aux décisions qui les concernent.

Nous reprenons ici le schéma proposé dans d'autres publications[29] visant à mettre en évidence différents aspects de la responsabilité des entreprises.

Les responsabilités éthiques et politiques concernent les différents domaines de l'activité d'une entreprise et la façon dont elle s'inscrit dans des territoires, c'est-à-dire des écosystèmes naturels et sociaux. Elles correspondent à une démarche qui vise la cohérence vis-à-vis des enjeux politiques relatifs au bien commun décrits dans les pages précédentes. Et elles impliquent nécessairement de savoir précisément comment les décliner du point de vue juridique de façon à harmoniser les règles du jeu.

À un premier niveau d'analyse, on peut distinguer les trois responsabilités d'ordre économique et financier, social et sociétal/environnemental comme liées au cœur de métier de l'entreprise et à ses effets sur la chaîne de production, qui pourraient donner lieu à une imputation de responsabilité civile et pénale, et la responsabilité politique vis-à-vis des effets émergents de l'action humaine, qui pourrait être comprise comme une responsabilité sans faute liée à une mission partagée entre secteur privé, société civile et gouvernements, pour l'avenir. Néanmoins, derrière cette question de l'imputation de fautes se pose celle de l'articulation entre responsabilités individuelles et responsabilités collectives.

29. Cécile Renouard, *Éthique et entreprise*, *op. cit.*

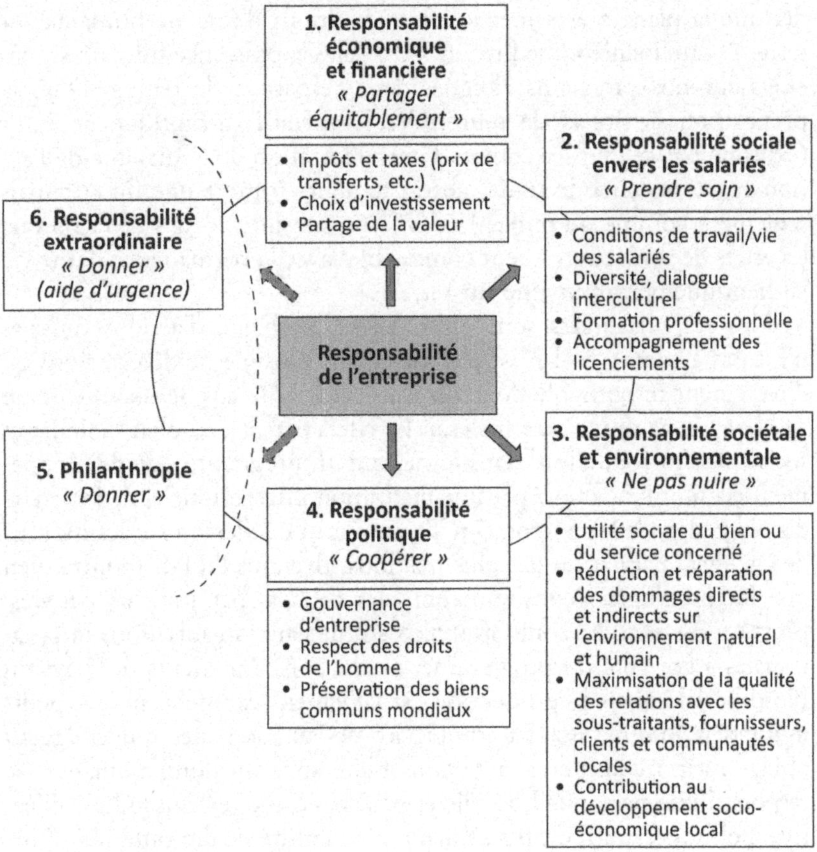

Source : Cécile Renouard, 2015.

Des responsabilités collectives

À plusieurs égards les enjeux écologiques suscitent notre réflexion éthique d'une manière renouvelée ; ils nous invitent à nous interroger, beaucoup plus radicalement que nous n'avons l'habitude de le faire, sur nos responsabilités individuelles et collectives.

Notre responsabilité est élargie dans l'espace et dans le temps : nous nous situons là dans la ligne des analyses du philosophe allemand Hans Jonas[30] sur les effets de la technique vis-à-vis de la capacité des humains à

30. Hans Jonas, *Le Principe responsabilité* (1979), Paris, Flammarion, 2013.

détruire la planète et à menacer les conditions d'une vie humaine sur terre. D'une manière inédite, au XXe siècle, la puissance humaine a des effets sur nos prochains éloignés dans l'espace et le temps. D'où la proposition de Jonas de reformuler l'impératif catégorique de Kant (exprimé par ce dernier comme l'universalisation de la maxime de l'action et par le souci de traiter autrui toujours comme une fin et jamais seulement comme un moyen) de la façon suivante : « Agis de façon que les effets de ton action soient compatibles avec la permanence d'une vie authentiquement humaine sur terre[31]. »

Nos responsabilités sont imbriquées. La chaîne d'actions causales n'est pas évidente et il n'est pas forcément possible de détecter qui est directement responsable de quoi. Ainsi, il y a dix ans, le documentaire *Le Cauchemar de Darwin* analysait les effets pervers, au plan sanitaire et social, de l'introduction, dans le cadre d'un programme de développement économique mené par une institution internationale, de la perche du Nil[32] dans le lac Victoria en Tanzanie : une réflexion sur les moyens de changer la situation des plus mal lotis, riverains du lac, montre bien que les problèmes (consommation des déchets par les plus pauvres, prostitution, etc.) ne sont pas seulement dus aux organisations internationales à l'origine du programme, ni aux consommateurs des pays du Nord vers lesquels la production est largement exportée, ni aux petits industriels locaux, etc. La complexité des phénomènes qui émergent oblige ainsi à considérer la responsabilité sous un double angle : une responsabilité personnelle, civile et pénale, et une responsabilité collective, politique, qui n'est pas seulement de l'ordre de l'imputation d'une faute à un acteur déterminé mais qui est aussi liée à la prise en charge des défis communs, dans la reconnaissance partagée du caractère insoutenable de nos institutions héritées du passé. L'imbrication des causes des dommages peut conduire à la dilution des responsabilités et, par voie de conséquence, à une irresponsabilité collective.

Une responsabilité collective, politique, est donc exigée de nous et elle passe par un discernement à l'égard des institutions économiques,

31. *Ibid.*, p. 40.

32. Hubert Sauper, *Le Cauchemar de Darwin*, 2005. L'introduction de cette espèce dans le lac pour favoriser le développement local partait d'une bonne idée, mais fit disparaître toutes les espèces endémiques et enleva ses moyens de subsistance à toute une population. Certes, toute une industrie se développa pour l'exportation de ce poisson, mais ce développement entraîna l'apparition des maux liés à une urbanisation brutale : prostitution, sida, violence.

socioculturelles, politiques, dont nous héritons et qui peuvent avoir des effets pervers sur le fonctionnement de nos sociétés, aujourd'hui et demain. Nous pouvons porter des responsabilités de différents ordres vis-à-vis de ces maux structuraux : une responsabilité par omission, par collusion ou collaboration, et par instigation. Il est important de nous poser nous-mêmes la question, tant à propos de nos choix de consommation, de nos activités professionnelles, que de nos décisions politiques. Nous n'en avons pas souvent envie mais nous ne pouvons pas faire comme si elles ne nous concernaient pas ! Et nous les poser ensemble, c'est nous encourager pour dépasser un simple réflexe de protection et de déni qui nous empêche d'avancer. En tant que collectif, l'entreprise est aussi partie prenante de ce processus.

Un discernement collectif est nécessaire. Il s'agit d'une réflexion éthique qui concerne non seulement le « bien-vivre-ensemble » mais aussi la survie de la planète et de la condition humaine. Ainsi, on ne peut pas considérer que cette dimension éthique puisse être cantonnée aux marges et relever d'un surplus qui ne concernerait que quelques acteurs ou certains pans de l'activité humaine. Il nous faut retrouver le sens profond de notre engagement humain, dans une conscience accrue de nos interdépendances (entre humains et avec la planète) : définir nos responsabilités collectives, nous donner des critères afin de les individualiser, et déterminer ainsi comment progresser vers une transformation de nos comportements et actions individuels et collectifs, au cœur d'institutions elles-mêmes réformées.

L'action collective, dans la ligne des analyses particulièrement éclairantes du philosophe américain Christopher Kutz[33], peut être comprise comme la participation intentionnelle à un projet collectif. La formation d'une intention collective est vue à la fois comme individuelle et holiste, globale – ce qui pose le problème de la coexistence dans une même organisation de plusieurs intentions collectives tels la maximisation du profit et l'engagement social et environnemental, en donnant à penser que les objectifs sont tenables ensemble, sans contradiction. En ce sens, il apparaît essentiel que l'entreprise clarifie les tensions et les priorités entre les différents éléments de sa mission.

À partir de cette approche de l'action collective, Kutz formule le principe de complicité d'une manière double qui nous semble également

33. Voir Christopher Kutz, *Complicity: Ethics and Law for a Collective Age*, Cambridge, Cambridge University Press, 2000.

précieuse pour réfléchir aux responsabilités individuelles et collectives dans l'entreprise :

> « Je suis responsable de ce que les autres font lorsque je participe volontairement au mal qu'ils commettent ou au tort qu'ils causent. Je suis responsable du mal ou du tort que nous faisons ensemble, indépendamment de la différence que je fais[34]. »

Concernant la responsabilité d'un individu à l'égard du mal commis par d'autres, il sera important d'analyser les différentes attitudes adoptées par cette personne à l'intérieur de son groupe ou institution, par exemple en avertissant du problème, en dénonçant, etc.

En ce qui concerne la responsabilité individuelle à l'égard du mal collectif produit même si l'action prise individuellement est minime et ne fait pas de différence, se trouve posée la question de l'identification des maux émergents qui ne sont pas imputables à un seul acteur mais résultent de phénomènes complexes. Cela invite à considérer le cas particulier et massif (évoqué aussi par Kutz) de ces phénomènes qui correspondent à une action collective reposant sur un lien très lâche entre les membres de la société et liée à un effet émergent. Par exemple, il n'y a pas d'intention collective de contribuer au réchauffement climatique – ce qui rejoint les analyses sur les conséquences non voulues des phénomènes. La question du double effet[35] peut alors être prise comme partie intégrante et centrale de la réflexion sur la responsabilité collective, en particulier pour l'entreprise. Il s'agira d'approfondir la façon dont la prise en compte des effets directs et indirects, soit intentionnels soit non intentionnels mais prévisibles, détermine plus particulièrement l'analyse de nos responsabilités collectives. Si l'on intègre dans la réflexion sur la complicité/coresponsabilité le principe du double effet, on peut réfléchir aux critères d'acceptabilité de la poursuite d'une action collective quand on estime qu'il y a – ou pas – proportionnalité entre les dommages et la finalité positive visée, ainsi qu'aux modalités de minimisation et de réparation/compensation de ces dommages, etc.

Les freins institutionnels à l'exercice de la responsabilité personnelle vis-à-vis d'enjeux collectifs demandent également à être analysés. Par exemple, le caractère vague de la finalité collective et le cloisonnement des fonctions (dans l'entreprise, notamment) comme contribuant à

34. *Ibid.*, p. 122, traduction de Cécile Renouard.

35. Voir *supra* p. 168.

affaiblir voire anéantir l'exercice de cette responsabilité ; le niveau de rémunération ; la peur de la « placardisation » ; la justification du cantonnement de la pensée à un cadre très limité et encadré, etc. *A contrario*, il s'agira de valoriser tous les moyens par lesquels les salariés sont coporteurs de la vision et du projet d'entreprise et donc assument ensemble leurs responsabilités collectives.

Pour revenir à la question de la responsabilité des entreprises à l'international, déjà mentionnée, la proposition de loi discutée en France se situe précisément dans la perspective que nous venons d'évoquer : il s'agit de reconnaître que les entités liées par leurs activités économiques participent à des projets collectifs, dont il appartient aux dirigeants d'envisager les effets au long de la chaîne de valeur, et de faire preuve d'une obligation de vigilance destinée à prévenir les violations des droits humains fondamentaux, qui concernent également les atteintes à l'environnement, dans la mesure où ce dernier fait partie des droits humains.

Cette ligne qui remet bien en perspective l'activité d'une entreprise comme un projet collectif engageant des responsabilités à la fois individuelles et collectives devrait inciter les dirigeants et les salariés de l'entreprise à définir une vision partagée, cohérente avec la recherche des biens communs, dont les différentes fonctions et objectifs stratégiques et managériaux seront des moyens.

De la vision partagée à la stratégie

Le défi posé par le changement climatique est unique par sa sévérité dramatique. Il s'agit, dès lors, d'articuler une action visant la lutte pour la transition énergétique avec les défis comme le développement rural ou la lutte contre la pauvreté, qui lui sont liés sur le long terme et apparaissent aussi prioritaires à court terme. Pour l'entreprise, comment lier ces défis avec sa mission propre ?

Autant les entreprises sont fortes dans l'action et dans la mise en mots de cette action (la stratégie), autant il leur est difficile de dire l'*essence* de leur action, ce qu'on appelle la mission ou la vision, dont l'expression reste souvent assez pauvre. La mission et la vision sont pourtant essentielles pour fédérer des hommes et des femmes autour d'un projet car elles définissent le but de l'organisation et ses principaux objectifs en phrases denses, à la fois pour chacun des membres de l'organisation et pour les personnes externes. Les entreprises écrivent leur mission au présent alors que la vision donne un horizon, des objectifs et aspirations éthiques. Voici quelques exemples.

• ConocoPhillips (gaz et énergie) : « notre mission est de donner l'énergie à la civilisation (*power civilization*) ».

• Nike : « notre mission est de donner de la motivation et de l'innovation à chaque athlète du monde ».

• Amnesty International : « notre vision est celle d'un monde où chaque personne – quelle que soit sa race, religion, ethnie, orientation sexuelle ou identité de genre – bénéficie de tous les droits gravés inscrits dans la Déclaration universelle des droits de l'homme et des autres droits de l'homme internationalement reconnus ».

• Ikea : « notre vision est de créer un meilleur quotidien pour le plus grand nombre ».

• Amazon : « notre vision est d'être l'entreprise la plus orientée vers le client où tous les clients peuvent trouver et découvrir tout ce qui peut s'acheter sur Internet... au prix le plus bas ».

Missions et visions sont les éléments stables de l'entreprise. C'est donc à ce niveau que se joue la réflexion éventuelle de l'articulation entre ce que fait l'entreprise et la transition écologique. On voit ainsi dans les quelques exemples donnés qu'Ikea aura probablement plus de facilité à intégrer notre problématique qu'Amazon...

Pourquoi passer autant de temps sur la mission ou la vision dans l'entreprise ? Parce qu'il nous faut apprendre à considérer l'entreprise non seulement comme un ensemble d'individus mais aussi comme un *nous* collectif. Si, lors de son lancement, l'entreprise ne fait qu'un avec son créateur – sa vision étant celle de son créateur –, elle prend rapidement une autonomie avec une vision propre. La mission n'est pas toujours explicitée mais « transpire » par l'attitude, les « références » partagées (pages glorieuses ou amusantes de l'histoire de l'entreprise, plus rarement ses échecs), mais aussi et surtout par toute *parole* publique : « Total a décidé... », « Schneider annonce... », etc. Il ne faut donc pas s'arrêter aux rapports d'activité qui décrivent la mission et la vision de l'entreprise en quelques phrases parfois stéréotypées, mais regarder la production de toute parole « au nom de l'entreprise ». Certes, au sein de l'entreprise, le sujet est souvent l'individu. Mais, parfois, on peut vraiment identifier que le sujet, la personne est l'entreprise : ce qui est particulièrement intéressant, c'est le passage de l'un à l'autre. Ainsi cela a-t-il été le cas chez l'un des grands assureurs français, dont nous détaillons l'exemple, vécu par l'un des membres de l'EBN.

Au début, la sensibilité au sujet du climat est apparue dans les départements de gestion des risques et particulièrement des risques catastrophe. Ces équipes ont commencé à mesurer ce que signifiait ce changement pour les risques de l'assureur, avec une accélération de la prise de conscience en 2005 : cette année-là, les assureurs ont non seulement été touchés par quatre cyclones dramatiques (en particulier Wilma et Katrina, qui touchèrent Haïti et La Nouvelle-Orléans), entraînant des coûts économiques astronomiques, mais aussi par un cyclone inhabituel et moins connu, Vince, premier cyclone à commencer par la lettre V (première fois que l'on recensait plus de vingt et un cyclones la même année) mais aussi premier cyclone à toucher la péninsule Ibérique, ce qu'aucun modèle n'avait prévu auparavant.

Entre cette prise de conscience de quelques individus et une prise de parole publique de l'entreprise, en 2010, cinq ans environ se sont écoulés. Ce temps peut paraître long mais il traduit justement la différence entre le temps de l'action, rapide, et celui de la parole de l'entreprise. Même si une entreprise peut adapter rapidement sa stratégie et son action, cette adaptation est plus longue quand il s'agit de la prise de conscience de son rôle et de sa mission dans la société, d'autant plus que le sujet du changement climatique est assez clivant : la proportion de climato-sceptiques dans la population mondiale, malgré le consensus scientifique, est d'environ 30 % (c'est même supérieur dans les pays riches). Il n'y a aucune raison que ce pourcentage soit nettement plus faible chez un assureur. Ainsi, c'est le temps qu'il faut pour que le sujet « nous-individus » devienne sujet « nous-entreprise ». Parfois, ce « nous-entreprise » tarde. Ainsi, aux États-Unis, de nombreux assureurs ne se sont pas encore aujourd'hui positionnés sur le changement climatique alors que leur profession est la première exposée, comme le regrettait le régulateur des assurances Mike Kreidler en octobre 2014 :

> « Nous encourageons fortement les responsables de l'industrie de l'assurance et les investisseurs qui possèdent ces compagnies à répondre à ce défi beaucoup plus sérieusement[36]. »

L'intérêt de toute parole publique d'une entreprise, d'un « *coming out* » même limité, est double : il permet une libération d'énergie interne et une prise de conscience externe.

Libération d'énergie interne, car que ce soit pour la corruption ou le changement climatique, ou pour un autre enjeu éthique, une parole publique claire sur la mission et les valeurs de l'entreprise *transforme*

36. « State Rebuts Obama Plan to Allow Old Health Insurance Policies », www.komonews.com, 14 novembre 2013.

l'entreprise. Cela ne veut pas dire que du jour au lendemain, il n'y aura plus de corruption, d'injustice ou de climato-sceptiques dans l'entreprise : la responsabilité individuelle reste mais, au moins, les individus peuvent se référer à cette parole publique. L'action devient alors plus légère car elle peut être collective.

Prise de conscience externe, car une entreprise interagit avec les autres. Soit par confrontation, comme l'assureur Farmers qui a assigné en justice les autorités pour ne pas avoir adapté leurs réseaux de gestion des eaux au changement climatique, occasionnant des dommages aux habitants à charge de l'assurance. Soit par l'information qu'elle fournit : sur le même sujet des inondations liées au changement climatique, AXA Belgique a communiqué la carte des communes les plus régulièrement inondées outre-Quiévrain, permettant que ce sujet, repris par plusieurs journaux belges, soit discuté lors des élections communales. Soit par exemplarité, car l'exemple d'une entreprise oblige les entreprises proches de son métier à se positionner. Ainsi, le réassureur Suisse de Ré a eu un rôle que l'on pourrait qualifier de prophétique en investissant dès le début des années 2000 dans la compréhension du changement climatique et dans l'investissement de la sphère politique.

Dans le cas de notre assureur cité en exemple, la prise de parole publique sur la reconnaissance de l'impact du changement l'a conduit, quelque temps après, à se retirer de ses investissements dans des entreprises dont la majeure partie était liée au charbon (soit plus de 500 millions d'euros de désinvestissement) et à annoncer qu'il allait tripler ses investissements dans le secteur vert (notamment énergie et infrastructures) d'ici à 2020.

Cette parole se doit donc de se transformer en action, d'être *parole performatrice*, selon l'expression du philosophe Paul Ricœur. Mais comment mettre les deux en cohérence ?

L'exercice même de la parole publique permet de clarifier les enjeux. Ainsi, notre assureur, étudiant la façon de contribuer pratiquement à la lutte contre le changement climatique, est naturellement parti de son métier, celui de connaître les risques. Il a donc décidé d'investir dans la connaissance des risques catastrophe et du changement climatique afin d'être capable de gérer ce risque et d'adapter le prix de l'assurance en fonction. En communiquant sur les conséquences précises du changement climatique, les assureurs participent à la prise de conscience de la nécessité de diminuer les émissions de CO_2. En donnant le vrai prix du risque, ils permettent d'éviter que l'on construise des logements dans des zones trop exposées, de valoriser des mesures de prévention nécessaires (comme l'évacuation des eaux usagées) par une baisse des primes d'assurance : sans cette baisse, quel intérêt ont les collectivités à prioriser ces investissements par rapport à d'autres plus directement visibles par leurs électeurs ?

Cependant, cet investissement pour mieux comprendre le risque climatique n'est pas dénié d'une certaine ambiguïté car, du fait d'une connaissance des risques toujours plus précise, les assureurs poussent les situations les plus exposées vers l'inassurabilité. Un certain nombre de personnes risquent ainsi de tomber dans la précarité assurantielle, ne pouvant s'assurer du fait d'un risque trop élevé, comme habiter près de la mer ou en zone inondable. Et cette tendance n'est pas théorique. Au Royaume-Uni, la Chambre des lords a estimé que le système actuel d'assurance et de prêt pouvait condamner au délabrement des milliers de bâtiments en zone inondable, pour une valeur de 4 300 milliards de livres sterling (6 000 milliards d'euros).

Du fait de sa taille mondiale, l'assureur que nous citons dans notre exemple est l'un de ceux qui peuvent participer à la réflexion globale sur les partenariats public-privé. Même si ce n'était pas pensé ainsi au départ, la mise en place de systèmes de partenariat public-privé efficace se révèle être la contrepartie nécessaire à la meilleure compréhension des risques, à la fois pour que la prévention soit payante et pour que l'on évite des scandales comme les vingt-neuf morts de La Faute-sur-Mer lors de la tempête Xynthia en février 2010. Mais un système qui intègre aussi une part de solidarité pour éviter une précarité assurantielle et la création de no man's land habités. Cette réflexion collective a pris du temps et n'aurait pas été possible sans quelques *prophètes* conjuguant à la fois haut niveau éthique et reconnaissance dans l'entreprise.

À travers cet exemple, on voit donc comment le « sujet entreprise » sollicite constamment des paroles et une éthique individuelle (« je ») pour créer une éthique collective.

Entreprise, justice sociale et transition énergétique : l'agriculture au cœur de la question

L'entreprise, projet collectif au service de biens communs : cette définition n'est pas seulement un appel pour les entreprises des secteurs secondaires et tertiaires. Elle pose aussi la question de la cohérence de nos modèles de développement vis-à-vis des populations des zones rurales. Il ne s'agit pas, en quelques lignes, de traiter le sujet de l'agriculture dans la transition énergétique, lequel mériterait un livre entier. Mais si l'on porte en priorité le souci des plus vulnérables vis-à-vis des conséquences du changement climatique et de la mise en œuvre de la transition écologique et énergétique, il est impossible de ne pas considérer les zones rurales et les responsabilités politiques partagées entre secteur public et secteur privé pour leur développement.

Ces dernières représentaient en 2013 en moyenne 47 % de la population mondiale, mais 63 % de la population d'Afrique subsaharienne. Selon les données de la FAO (Food and Agriculture Organization, Organisation des Nations unies pour l'alimentation et l'agriculture), 70 % des pauvres dans le monde vivent en milieu rural : ce sont à la fois des petits agriculteurs, des paysans sans terre, des pasteurs traditionnels, des pêcheurs, des groupes marginalisés (notamment migrants). Il y a aujourd'hui 2,7 milliards d'agriculteurs pauvres sur la planète. Or l'agriculture est aussi un secteur fortement émetteur de GES[37]. La révolution d'une entreprise verte et équitable suppose donc d'intégrer dans la réflexion les secteurs agricoles et agro-industriels en vue d'améliorer la productivité et les revenus du secteur agricole tout en promouvant une « agriculture écologiquement intensive[38] », de façon à limiter l'usage d'intrants chimiques, les techniques qui appauvrissent les sols, les émissions de GES, etc.

L'agriculture concerne directement la façon dont nous nous alimentons. Nous avons, à l'échelle de la planète, une alimentation de plus en plus carnée qui est contradictoire avec ce que nous savons des limites écologiques et énergétiques : la consommation animale utilise des cultures (de céréales, en particulier) qui pourraient servir à la consommation humaine, et l'élevage (bovin notamment) est très fortement émetteur de méthane. L'enjeu est donc bien d'associer les agriculteurs, les consommateurs et les pouvoirs publics de façon à privilégier des modèles de consommation durable. Soulignons aussi la nécessité de lutter contre le gaspillage alimentaire aussi bien que contre la « malbouffe » qui détériore la santé des plus pauvres, au Nord comme au Sud : dans le monde une personne sur sept est mal nourrie (souffre de faim, de carences en micronutriments ou d'obésité) et en 2013 500 millions d'adultes sont obèses[39]... De ce point de vue, la respon-

37. En France, l'agriculture emploie 3,3 % de la population active française mais représente 21 % des émissions de GES. Source : FAO.

38. Michel Griffon, « L'agroécologie, un nouvel horizon pour l'agriculture », *Études*, décembre 2014, p. 31-39.

39. Source : FAO.

sabilité politique nécessaire, de la part des multinationales de l'agro-industrie, est particulièrement forte.

Une tradition coopérative existe dans le secteur de l'agriculture, notamment en France, mais elle a été malmenée par la concentration des entreprises au sein de grands groupes, dans lesquels il est plus ardu de faire vivre les principes coopératifs. Il n'empêche qu'il existe là une culture qui pourrait sans doute contribuer à favoriser cette émergence d'une économie et d'une politique des communs, telles qu'elles ont été évoquées plus haut[40]. Comme le souligne un contributeur de notre réflexion :

> « la gouvernance des coopératives (bureau et conseil d'administration composés d'agriculteurs en activité) et leur relation au temps (qui permet une approche long terme) sont de nature à créer des entreprises performantes pour demain qui placent l'homme au cœur de l'action. Quand vous assistez à une convention et que vous savez que l'homme à la tribune qui parle devant des milliers de sociétaires sera demain sur son tracteur ou à traire ses vaches, vous savez qu'il n'oublie jamais d'où il vient. Quand votre cycle est de douze mois, qu'il n'y a qu'une moisson par an et que l'investissement financier doit forcément intégrer cette contrainte, c'est un atout pour construire dans la durée. »

L'enjeu pour le monde coopératif est donc de travailler au processus de confiance de ses sociétaires. Ce processus se construira sur la transparence, l'expertise, le service et la création de valeur sur des filières, d'où l'intégration des coopératives sur l'aval ces dernières années.

Soulignons aussi combien aux quatre coins de la planète apparaissent des initiatives visant à réenraciner nos consommations dans les territoires, et à nourrir ainsi le lien social et écologique. Le congrès mondial des Amap (Association pour le maintien d'une agriculture paysanne) aura lieu en Chine en septembre 2015. Récemment, un des auteurs de ces lignes a visité une ferme bio de la banlieue de Pékin où coexistent des cultures destinées à la commercialisation et des jardins potagers cultivés par des citadins soucieux de consommer autrement et de retrouver un lien avec la nature. Il y a ainsi 3 000 fermes qui se sont créées depuis une dizaine d'années autour de la capitale chinoise, pouvant accueillir chacune jusqu'à 300 cultivateurs privés : cela pourrait représenter 900 000 habitants... sur les 30 millions de la ville[41].

---

40. Voir p. 166 *sq.*

41. Source : entretien avec le responsable d'une ferme bio de la banlieue de Pékin, 21 avril 2015.

Est surtout frappant le souci de militants de la société civile de contribuer à développer une culture coopérative dans les zones rurales afin de freiner l'exode rural et de recréer du lien social. De nombreux documentaires et travaux de recherche se font l'écho de tels projets menés dans beaucoup de pays, comme une alternative à l'agriculture intensive, et souvent en conflit avec de grands groupes industriels et de grands propriétaires terriens. La question, dès lors, est de savoir si les dirigeants de ces groupes seront capables d'exercer leur responsabilité politique d'une manière qui contribue à changer profondément leurs modèles économiques et sans doute, pour cela, à revoir le contenu comme le partage de la valeur créée...

La cohérence à tous les niveaux : le cas des investissements carbonés

Nous pouvons prendre, pour terminer, l'exemple des débats actuels autour des moyens de limiter notre empreinte carbone : la compensation par la reforestation, l'efficacité énergétique, la priorité aux énergies renouvelables, la sobriété, etc. Ils font apparaître avec force notre très grande difficulté à mettre en adéquation nos convictions et nos actes ; mais l'irruption de certains sujets dans l'espace public aujourd'hui est aussi le signe de prises de conscience et de mouvements qu'on aurait estimés inconcevables il y a encore très peu de temps.

En effet, nous savons que nous devons laisser 70 % à 80 % des ressources fossiles planétaires dans le sous-sol pour éviter un réchauffement de plus de 2 °C d'ici à la fin du siècle. Il en va donc de choix stratégiques pour les entreprises, en particulier celles qui extraient ces ressources. C'est bien un rôle éminemment politique que les entreprises ont à jouer afin d'assumer leur part de responsabilité vis-à-vis de cet objectif. Mais si la visée est claire, les moyens pour y parvenir laissent place à toutes sortes d'arguments, dont beaucoup ont davantage à voir avec une « realpolitik » qu'avec la recherche des conditions du « maintien d'une vie authentiquement humaine sur terre », pour reprendre l'expression du philosophe Hans Jonas.

Prenons la question du désinvestissement des énergies fossiles, promue par des fonds d'investissement aussi divers que des grandes universités anglo-saxonnes et des fonds de pension, par des Églises et associations de la société civile et, récemment, par le G7 de juin 2015. Une manière de faire évoluer les choses consiste à réorienter les choix d'investissement vers les secteurs moins émetteurs de GES et notamment de promouvoir des énergies renouvelables. Cette perspective permet d'insister sur le rôle déterminant de la finance vis-à-vis de la transition énergétique. Elle invite à prendre à bras-le-corps le dilemme auquel nos sociétés sont confrontées : parviendrons-nous à nous limiter, reconnaissant que ce qui est techniquement faisable (l'extraction des sables bitumineux, par exemple, coûteuse et polluante) n'est pas toujours moralement légitime au regard des critères climatiques ? Les déclarations de grandes entreprises du secteur privé lors du sommet du climat de mai 2015, à Paris [42], témoignent d'une rhétorique qui, si elle s'appuie sur la réalité du changement climatique et la nécessité d'agir, pousse surtout en faveur de l'intérêt bien compris des entreprises à s'engager dans la transition. Dans la ligne d'une approche « gagnant-gagnant » chère à la pensée utilitariste dominante qui imprègne nos raisonnements, nous voudrions tous pouvoir nous en sortir sans trop d'efforts personnels et collectifs.

Comment, cependant, être cohérents si nous ne reconnaissons pas que cette limite planétaire nous contraint, nous les riches des pays du Nord et du Sud, à modifier profondément nos modes de vie pour qu'une partie de l'humanité puisse vivre et pas seulement survivre ? Et dès lors, interrogeons-nous sur les raisons qui font refuser à bon nombre de citoyens, notamment des cadres d'entreprise, les campagnes de désinvestissement des énergies fossiles : on invoquera la difficulté qui consiste à mettre dans le même panier le charbon, le pétrole et le gaz alors que le charbon est présent en quantités bien plus importantes dans notre sous-sol et s'avère beaucoup plus polluant ; on dira aussi que le désinvestissement massif et brutal conduirait à des catastrophes sociales, que l'objectif n'est pas seulement de se centrer sur les producteurs de ces énergies mais aussi sur les secteurs qui créent cette demande, qu'il faut surtout investir dans les techniques sophistiquées de séquestration du carbone ; on pourra enfin refuser de soutenir les campagnes de désinvestissement parce que l'on se sent soi-même partie du système et incapable d'imaginer un autre mode de vie que celui, très carboné, qui nous donne un métier et de quoi nourrir notre famille.

Bien sûr, le changement ne peut pas se faire de manière brutale, mais que pèsent tous ces arguments face à la réalité massive que nous avons en face de nous ? Notre système économique est tellement complexe qu'il y aura toujours de vraies raisons, sur ce sujet comme sur d'autres, de ne pas

42. Business and Climate Summit (20 et 21 mai 2015), siège de l'Unesco, Paris.

lancer des actions de transformation décisives. Est-ce suffisant pour ne pas le faire ? Ne devons-nous pas reconnaître une fois pour toutes que notre tentation de jouer les passagers clandestins, pour nous-mêmes ou nos proches, voire au niveau d'un pays, nous mène au désastre programmé ? Une entreprise doit pouvoir se fixer le but d'une émission zéro de carbone au moment où nous aurons atteint l'augmentation de 2 °C de la température planétaire... mais cela peut-il se faire sans un engagement politique des entreprises, des personnes qui les composent, au service de cet objectif ? Il ne peut pas s'agir d'une seule mesure de bonne gestion économique ou d'engagements à ce point médiatisés qu'ils se situent aux marges du problème, ne traitant que de certains symptômes sans s'attaquer à la racine du mal.

La cohérence, pour chaque personne et pour chaque organisation, passe par l'effort déterminé, le combat, pour faire converger le désir et l'action, par l'invention avec d'autres de nouveaux outils politiques afin d'y parvenir : en font partie les moyens évoqués dans ces pages que sont le lobbying pour l'intérêt général, l'implication de toutes les parties prenantes dans la réalisation de la mission affichée par l'entreprise, la révision des façons de comptabiliser et de partager la valeur créée, etc.

Construire un monde meilleur

La mise en œuvre des responsabilités des entreprises nécessite des normes, mais aussi des convictions. Rien de substantiel ne se fera si les transformations ne sont pas inspirées par des personnes et par des groupes profondément motivés.

Le leadership *éthique*

Notre monde d'une façon générale et nos entreprises en particulier n'ont pas seulement besoin de gestionnaires, ils ont besoin de leaders, de personnes capables de transformer leur environnement et la réalité, et bien entendu de les transformer pour le meilleur. Il est nécessaire pour cela d'acquérir une vision, de savoir la partager, de convaincre, et de développer l'énergie nécessaire à sa mise en œuvre[43]. Tout cela se prépare et se travaille tous les jours dans la volonté systématique de ne pas se laisser enfermer dans un milieu, de savoir aller à la rencontre

43. Voir Philippe de Woot, *Responsabilité sociale de l'entreprise. Faut-il enchaîner Prométhée ?*, Paris, Economica, 2004, p. 23.

de gens qui pensent différemment, de savoir se laisser déplacer ; c'est l'impératif d'un travail intellectuel en profondeur qui peut être :

– philosophique, engageant une réflexion sur la nature de l'homme, ce qu'est la liberté, l'altérité, la justice, la morale, la puissance, la responsabilité, la relation entre la fin et les moyens, la violence, la liberté, etc. ;

– économique et social, en constatant que les différentes doctrines sont beaucoup plus riches que la vulgate que l'on veut bien nous servir, que chacune des théories repose sur des hypothèses qui sont souvent loin d'être vérifiées ;

– scientifique, car la science peut aussi être l'un des leviers importants qui nous aide à avancer ;

– historique, car l'histoire peut nous aider à comprendre comment nous en sommes arrivés là, qui nous sommes, comment ce qui semble évident aujourd'hui ne l'a pas toujours été et donc ne le sera pas toujours ;

– politique, parce que c'est l'art de la démocratie au travail, du vivre-ensemble, de la mise en commun de la relation entre les différentes sphères qui régit une société complexe.

Cette perspective invite à soigner les ressources de l'intériorité et de la réflexion malgré un environnement qui nous met sous pression et nous pousse à courir toujours plus vite. C'est accepter de sortir des fausses solutions trop simples qui évitent de se poser des questions, accepter le risque de l'engagement et de l'erreur, accepter la complexité des choix et les tensions entre logiques différentes, accepter aussi de se confronter à ses propres contradictions.

C'est aussi replacer l'économie dans son rôle premier, à savoir l'organisation de la maison, du grec ancien *oikos* (« maison, demeure ») et *nomia* (« loi »). C'est avoir l'exigence du bien commun chevillée au corps, l'humilité des relectures et des rectifications permanentes de trajectoire. C'est remplacer le cynisme individuel par l'aventure collective, prendre comme horizon la gestion de notre maison commune pour ceux qui y habitent aujourd'hui et ceux qui vont y habiter demain. Il peut y avoir là l'engagement de toute une vie, la grandeur et la vocation d'hommes et de femmes qui veulent participer à la création. Bienvenue en entreprise pour ceux qui le souhaitent : il y a un boulot fabuleux à faire !

« Sois le changement que tu veux pour le monde » (Gandhi)

Il y a des choses qui s'améliorent. Des pratiques qui étaient monnaie courante il y a vingt ans sont impossibles aujourd'hui, que ce soit au regard du combat contre la corruption ou pour les normes environnementales, par exemple. En même temps les exigences sociales et environnementales sont plus élevées, dans la mesure où non seulement la vie de certaines personnes mais l'avenir même des générations futures sont conditionnés par ce que nous faisons ou pas. Le principal changement vient de ce que par le passé il suffisait que les entreprises fassent leur business sous réserve qu'elles respectent certaines règles, alors qu'aujourd'hui il faut impérativement que le cœur de l'entreprise, que sa force de frappe, s'intéressent aux enjeux sociaux et écologiques. Alors allons-nous assez vite, allons-nous assez fort et surtout sommes-nous assez cohérents, assez systématiques ?

Si nous voulons avoir des résultats probants en matière de responsabilité sociale et de transition écologique, il nous faut aborder, dans les entreprises, la transition écologique de la même manière que nous l'avons fait pour d'autres sujets comme la sécurité sur tous les lieux de travail. C'est-à-dire en intégrant cette préoccupation dans les priorités et la stratégie de l'entreprise, à tous les niveaux et de manière constante.

Cela suppose une révolution dans nos manières habituelles de fonctionner, qui nous poussent à nous préoccuper avant tout de ce dont nous nous sentons très directement et localement responsables, en tentant de limiter le plus possible l'espace vis-à-vis duquel il peut nous être demandé de rendre des comptes. Il nous faut articuler nos responsabilités individuelles et collectives dans le cadre le plus large où s'inscrit notre action en acceptant de porter la coresponsabilité des risques que nos actions collectives font porter à l'humanité et à la planète. Dit autrement, une entreprise ne peut pas se cacher derrière la séparation juridique entre maison mère et filiales pour s'exonérer des pratiques irresponsables d'une filiale, ni refuser de regarder les pratiques de ses fournisseurs et sous-traitants, ni même refuser de considérer les impacts néfastes possibles de ses produits et services, même si elle n'en est pas directement responsable. Un salarié ne peut pas fermer les yeux sur les pratiques globales de son entreprise, sous prétexte qu'il n'y participe pas directement...

Cette perspective est indissolublement économique et politique. Elle conduit également à concevoir l'éthique, non pas – ainsi que l'on peut encore l'entendre dans certains milieux – comme ce qui serait une dimension optionnelle, facultative, à côté des exigences de la « vraie vie », d'un modèle économique prétendu moralement neutre, mais, tout au contraire, comme étant située au cœur de l'activité de production, d'échanges et de consommation : l'éthique est la préoccupation lucide et solidaire à l'égard des communs et du vivre-ensemble sans laquelle l'activité économique est menacée de précipiter une partie de la planète et de ses écosystèmes dans le mur.

Force est de reconnaître les résistances fortes à une telle révolution qui semble pourtant indiscutable et, qui plus est, s'avère porteuse de sens pour ceux qui s'emploient à la faire advenir. Le partage inégal des richesses nourrit ces résistances : quand les inégalités deviennent trop fortes, elles induisent une divergence des intérêts des dirigeants d'avec l'ensemble des parties prenantes. Étant donné leur pouvoir, ces dirigeants aliènent l'entreprise à leurs fins et à celles de ceux qui les ont mandatés. Et cette instrumentation des dirigeants et des entreprises gêne alors l'émergence d'une conscience et d'actions soucieuses de justice sociale et écologique.

Nous sommes face à des risques majeurs, et face à des résistances gigantesques, mais en même temps c'est un horizon extraordinaire de créativité et de développement qui s'offre à nous. La mise en œuvre des responsabilités sociales et environnementales de l'entreprise conçue comme acteur politique est un élément clé de ce nouvel horizon. Imaginons quelle sera notre fierté, dans quelques décennies, de pouvoir témoigner à nos petits-enfants que, engagée dans une voie sans issue, notre humanité s'est rassemblée pour éviter l'irréparable, pour orienter ses capacités créatrices vers de nouveaux modèles de production, de consommation et d'échange, afin d'habiter nos relations et d'habiter la Terre autrement.

À chacun de nous, maintenant, de prendre le changement en main !

Annexes

Charte de « L'Entreprise, une bonne nouvelle » (EBN), établie le 8 novembre 2013

L'entreprise est un acteur majeur de la transformation du réel par l'utilisation de ressources et la production et distribution de richesses (biens et services).

Quelques principes fondateurs doivent guider les acteurs de l'entreprise pour que celle-ci soit au service de l'homme et non l'inverse.

L'EBN soutient le désir d'innover et d'oser pour redonner du sens et de l'utilité sociale au projet d'entreprise et à la vie professionnelle dans l'entreprise.

Nous construisons ce sens sur les points d'ancrage suivants :

1) une communauté humaine impliquée et fédérée autour d'un projet et d'une mission compatibles avec l'intérêt général ;

2) un style de relations humaines marqué par la bienveillance permettant à chacun de se développer ;

3) une création de richesse durable économique, sociale et environnementale, en prenant en compte l'ensemble de ses externalités : utilisation de ressources naturelles, modifications de son environnement humain, social, culturel ;

4) l'innovation et l'acceptation du risque comme opportunités de dépassement et de réalisation collectifs et individuels ;

5) une gouvernance ouverte, laissant leur juste place à l'ensemble des parties prenantes – actionnaires, salariés, fournisseurs, environnement local, personnes et communautés impactées par l'activité de l'entreprise – dans un objectif de répartition équitable des responsabilités et des richesses tout au long de la chaîne de valeur ;

6) le profit compris non comme une fin mais comme un moyen au service du projet d'entreprise.

L'EBN est un lieu :

– de dialogue,

– de partage d'expérience,

– de recherche,

– et de propositions,

visant à transformer les règles et les pratiques de l'entreprise.

D'inspiration chrétienne, ouvert au dialogue, l'EBN invite à cultiver la confiance dans la grandeur de l'homme ainsi que dans les ressources spirituelles et collectives.

Ensemble nous proposons une démarche éthique, visant à mettre en perspective les tensions qui traversent l'activité économique et à avancer dans la mise en œuvre de principes proposés au débat public, dans le souci de la justice et du bien commun.

Bibliographie

Ouvrages

Hannah ARENDT, *Condition de l'homme moderne* (1958), Paris, Pocket, 2002.

Hélène BALAZARD, *Agir en démocratie*, Ivry-sur-Seine, Les Éditions de l'Atelier, 2015.

Amandine BARTHÉLÉMY, Sophie KELLER et Romain SLITINE, *L'Économie qu'on aime : Relocalisations, création d'emplois, croissance : de nouvelles solutions face à la crise*, Paris Rue de l'Échiquier, 2014.

Jérémie BENTHAM, *Déontologie, ou science de la morale* (1834), Paris, Encre marine, 2006.

Philippe BIHOUIX, *L'Âge des low tech. Vers une civilisation techniquement soutenable*, Paris, Le Seuil, 2014.

Luc BOLTANSKI et Ève CHIAPELLO, *Le Nouvel Esprit du capitalisme*, Paris, Gallimard, 1999.

Christophe BONNEUIL et Jean-Baptiste FRESSOZ, *L'Événement anthropocène. La Terre, l'histoire et nous*, Paris, Le Seuil, 2013.

Patrick CRIQUI, Benoît FARACO et Alain GRANDJEAN, *Les États et le Carbone*, Paris, PUF, 2009.

Emmanuel FABER, *Chemins de traverse. Vivre l'économie autrement*, Paris, Albin Michel, 2011.

Isabelle FERRERAS, *Gouverner le capitalisme ?*, Paris, PUF, 2012.

Gaël GIRAUD et Cécile RENOUARD (dir.), *Vingt propositions pour réformer le capitalisme*, Paris, Flammarion, 2012.

Gaël GIRAUD et Cécile RENOUARD, *Le Facteur 12. Pourquoi il faut plafonner les revenus*, Paris, Carnets Nord, 2012.

Gaël GIRAUD, *Illusion financière*, Ivry-sur-Seine, Les Éditions de l'Atelier, 2013.

Alain GRANDJEAN et Hélène LE TENO, *Miser (vraiment) sur la transition écologique*, Ivry-sur-Seine, Les Éditions de l'Atelier, 2014.

Benoît GUILLEBON et Patrick NOLLET, *En route vers l'éco-économie*, Paris, Armand Colin, 2013.

Daniel HURSTEL, *Homme, entreprises, société. Restaurer la confiance*, Paris, Eyrolles, 2013.

Philippe D'IRIBARNE, *La Logique de l'honneur. Gestion des entreprises et traditions nationales*, Paris, Le Seuil, 1989.

Hans JONAS, *Le Principe responsabilité* (1979), Paris, Flammarion, 2013.

Steve KEEN, *L'Imposture économique*, Ivry-sur-Seine, Les Éditions de l'Atelier, 2014.

Naomi KLEIN, *Tout peut changer. Capitalisme et changement climatique*, Arles, Actes Sud, 2015.

Christopher KUTZ, *Complicity: Ethics and Law for a Collective Age*, Cambridge, Cambridge University Press, 2000.

Éloi LAURENT, *Social-Écologie*, Paris, Flammarion, 2011.

Timothy MITCHELL, *Petrocratia. La démocratie à l'âge du carbone*, Alfortville, Ère, 2011.

Serge MOSCOVICI, *Psychologie des minorités actives*, Paris, PUF, 1991.

Martha C. NUSSBAUM, *Frontiers of Justice: Disability, Nationality, Species Membership*, Cambridge, Harvard University Press, 2007.

Naomi ORESKES et Erik M. CONWAY, *Merchants of Doubt: How a Handful of Scientists obscured the Truth on Issues from Tobacco Smoke to Global Warming*, New York, Bloomsbury Press, 2010. Traduction française : *Les Marchands de doute*, Paris, Le Pommier, 2012.

John RAWLS, *Théorie de la justice* (1971), Paris, Le Seuil, 1987.

Cécile RENOUARD, *Éthique et entreprise*, Ivry-sur-Seine, Éditions de l'Atelier, 2015.

— , *La Responsabilité éthique des multinationales*, Paris, PUF, 2007.

Jeremy RIFKIN, *The Zero Marginal Cost Society: The Internet of Things, the Collaborative Commons, and the Eclipse of Capitalism*, New York, Palgrave Macmillan, 2014. Traduction française : *La Nouvelle société marginale du coût zéro. L'Internet des objets, l'émergence des communaux collaboratifs et l'éclipse du capitalisme*, Paris, Les Liens qui libèrent, 2014.

Maximilien ROUER et Anne GOYON, *Réparer la planète. La révolution de l'économie positive*, Paris, Jean-Claude Lattès, 2007.

Susan STRANGE, *The Retreat of the State: The Diffusion of Power in the World Economy*, Cambridge, Cambridge University Press, 1996. Traduction française : *Le Retrait de l'État. La dispersion du pouvoir dans l'économie mondiale*, Paris, Temps présent, 2011.

Michel TERESTCHENKO, *Un si fragile vernis d'humanité. Banalité du mal, banalité du bien*, Paris, La Découverte, 2005.

Jonathan WOLFF et Avner DE-SHALIT, *Disadvantage*, Oxford, Oxford University Press, 2007.

Philippe DE WOOT, *Responsabilité sociale de l'entreprise. Faut-il enchaîner Prométhée ?*, Paris, Economica, 2004.

Gabriel ZUCMAN, *La Richesse cachée des nations. Enquête sur les paradis fiscaux*, Paris, Le Seuil, 2013.

Articles

Flore BERLINGEN, « L'économie collaborative est-elle aussi sociale et solidaire ? », www.lelabo-ess.org, 2 décembre 2013.
Michel GRIFFON, « L'agroécologie, un nouvel horizon pour l'agriculture », *Études*, décembre 2014.
François GROSSE, « La croissance quasi circulaire. Une approche pragmatique de la gestion durable des ressources matérielles non renouvelables », *Futuribles*, nº 403, novembre 2014.
Ray HUDSON, « The Costs of Globalization: Producing New Forms of Risk to Health and Well-Being », *Risk Management*, vol. 11, nº 1, 2009.
Cécile RENOUARD, « Vie en entreprise et vie spirituelle », *Études*, juin 2011.
— , « Justice écologique et responsabilité politique de l'entreprise », *Études*, mai 2014.
Steve TOMBS et Dave WHYTE, « Introduction: Corporations Beyond the Law? Regulation, Risk and Corporate Crime in a Globalized Era », *Risk Management*, vol. 5, nº 2, 2003.

Documentaires

Harold CROOKS, *Le Prix à payer*, 2015.
Hubert SAUPER, *Le Cauchemar de Darwin*, 2005.

Table des matières

Mise en page : Le vent se lève...

Achevé d'imprimer sur les presses de Corlet Imprimeur
14110 Condé-sur-Noireau

N° éditeur : 6466 – N° fab : 6691 – N° d'imprimeur : 175478
Dépôt légal : septembre 2015

Imprimé en France